[光而不耀; 빛나되 번쩍이지 않은]

광이불요의
지도자

성재 이시영 선생 평전

이 도서의 국립중앙도서관 출판예정도서목록(CIP)은 서지정보유통지원시스템 홈페이지(http://seoji.nl.go.kr)와
국가자료종합목록 구축시스템(http://kolis-net.nl.go.kr)에서 이용하실 수 있습니다.
CIP제어번호: CIP2020046723(양장), CIP2020046726(무선)

[光而不耀; 빛나되 번쩍이지 않은]

광이불요의
지도자

성재 이시영 선생 평전

김삼웅 지음

한울

차 례

추천의 글

나는 성재 이시영 할아버님을 1945년 11월 중국 상해 강만江灣비행장에서 처음 뵈었었다. 비행기에서 부축을 받고 어렵게 내려오시던 모습……. 지금도 눈에 선하다. 당시 연세가 일흔일곱, 임시정부 요인들 가운데 가장 연로하셨다. 작은 키에 중절모를 쓰셨는데 모자만 크게 보였다. 등은 약간 굽으셨다. 말 타고 중국 대륙을 누비실 때 낙마하여 진료를 제대로 받지 못하여 등이 굽은 것이라 했다. 우리 가족 일행을 보자 노인은 눈에 눈물을 글썽거리셨는데 그 모습을 지금도 잊을 수가 없다. 1932년 4월 윤봉길 의사의 폭탄 거사 직후 일제의 발악적인 기습을 피해 상해를 떠나 3만 리 장정을 하셨는데, 가족들은 어린아이들이 주렁주렁 달려서 장정길에 오르지 못하고 일본군의 포위망 속에서 기도 못 펴고 숨어 살았다. 그러므로 그날 비행장에서 13년 만에 이산가족이 기적 같은 재회를 한 것이다.

그날부터 나는 성재 할아버님을 모시면서 그분의 삶을 이해하고자 했다. 그분의 성품은 말 그대로 외유내강하시다. 겉으로는 인자하고, 다른 분들에게 겸손하시며 항상 겸양지덕謙讓之德을 잃지 않으셨다. 그러나 한 번도 당신의 초지를 굽히지 않았다.

을사늑약이 강제로 체결될 당시 외부(현 외교부) 교섭국장으로 재직하고 계셨다. 만약 일본이 조약을 정상적인 절차로 맺는다면 당연히 교섭국장을 통해 조약문을 놓고 협상하고 결정하게 되어 있는데, 일본은 일방적으로 조약문을 내놓고 강제로 체결하려 했다. 황제가 계셨던 경운궁을 일본군이 포위하자 성재 할아버지는 외부대신 박제순에게 메시지를 보내 절대로 일본이 강요한 조약에 서명하지 말라고 강조했었다. 그러나 박제순이 일본 측 강압에 밀려 비겁하게 을사오적乙巳五賊이 되자 그와 약속한 사돈 맺기를 파약하고 절교했다. 그때부터 한성재판소 수반판사로서 끝까지 저항하다가 1910년 경술국치를 당하여 관직을 버리고 망명길에 올랐던 것이다.

3·1독립선언 이후 대한민국 임시정부 수립에 참여하여 초기 의정원 의원으로 또는 국무위원으로 각종 입법 작업을 총괄하였고, 법무총장과 재무총장을 번갈아 역임하면서 그 이상의 직위를 탐하지 않았다. 항상 뒤에서 외풍을 막는 병풍과 같이 장로역을 스스로 자임했었다. 여기 하나의 비사祕史가 있다. 1926년 임시정부가 위기에 처했을 때 평생의 동지인 이동녕 선생과 긴밀히 숙의한 끝에 연부역강한 김구 선생을 주석직에 천거했다. 당시 김구 선생은 서열로 보나 경험으로 보나 아직 주석을 맡기는 빠르다는 생각에 고사했지만 끝내 설득하여 관철했다. 왜 그러셨을까? 위기가 닥칠 때 이를 돌파할 수 있는 김구 선생의 충성심과 역량을 알고 계셨기 때문이었다.

대한민국 임시정부는 독립운동의 유일한 정부 기능을 수행하는 중심이었지만 한편에서는 자리다툼, 지역갈등, 이념갈등, 파벌싸움이 있었던 것

또한 사실이었다. 하지만 성재 할아버지는 내내 중심에 서서 어려운 시기에 임시정부를 끝까지 지켰던 원로였다.

해방정국에서도 성재 할아버지는 좌우의 혼란한 틈에서 대한민국 임시정부의 마지막 단계인 정식정부 수립이 우선이라는 신념을 잃지 않으셨다. 한때 가장 친밀했던 동지인 김구, 김규식의 '분단극복 우선'이라는 노선과 결별하면서도 미소 냉전 상황에서 현실주의적 방책을 끝까지 주장하셨다. 아마 이 때문에 가장 연로하신 분이지만 초대 부통령으로 피선되셨을 것이다.

성재 할아버지는 대한민국 정부수립이 우선이라는 뜻에서 이승만 대통령과 결속했지만 그 후 그분이 독재로 탈선할 때 이는 민주공화제에 대한 배신이라고 규탄하고 80노구를 이끌고 반독재투쟁의 길로 나아가 맞서 싸우셨다.

1953년 성재 할아버지는 만년에 피난지인 동래 우거에서 외롭게 살다 가셨다. 하지만 그분은 항일독립운동 시기, 대한민국 임시정부를 지켰던 분들이 다시 대한민국 정부에서 큰 역할하는 것을 끝내 희망하셨다. 아마 이런 유지 때문인가? 남산에 세워진 그분의 동상을 보면 무엇인가 그분의 말씀이 떠오른다. "민족의 자주독립을 위하여 같이 싸웠던 동지들이여! 이제 다시 모여 새나라를 건설하자"라고 설득하는 모습으로 우리 앞에 앉아 계시다.

성재 할아버지의 이런 절절한 염원을 언젠가는 정리하여 바른 역사기록에 남겨야 한다고 생각해 왔는데 이번에 제가 존경하는 김삼웅 선생이 붓을 드셨다. 참으로 고맙게 생각하고 그분에게 내가 듣고 본 바의 '성재 이시영'이란 분의 큰 모습을 전하였다. 많은 독자들이 읽고 우리 근세사의 끝까지 양심으로 사셨던 한 분의 삶과 뜻을 이해하는 데 도움이 되기 바란다.

2020년 10월

종손從孫 이종찬

첫머리에

광이불요의 지도자 이시영 선생

세상사가 그렇다지만 독립운동사도 다르지 않다. 평생을 조국해방 투쟁에 헌신하고 큰 업적을 남겼으며 직위가 높았음에도 잊히거나 묻힌 인물이 의외로 많다. 그래선지 광이불요光而不耀란 말이 전한다. "빛나되 번쩍이지 않는다"라는 뜻이다.[1] 빛나는 것보다 번쩍이는 것을 더 좋는 지식인들의 속성 때문일까.

성재省齋 이시영李始榮(1869~1953년) 선생, 대한제국에서 대한민국 임시정부를 거쳐 대한민국으로 이어지는 역사적 정통성의 상징적 인물이다. 우리나라에서, 이 3기에 걸쳐 모두 고위직을 역임한 인물은 그가 유일하

---

1 광이불요(光而不耀)는 노자의 도덕경 58장 마지막 단락에 나오는 말이다. 해당 부분은 다음과 같다.
   是以聖人方而不割 廉而不劌 直而不肆 光而不耀(시이성인방이불할 염이불귀 직이불사 광이불요; 그러므로 성인은 반듯하되 남을 가르지 않고, 예리하되 남을 상하게 하지 않으며, 솔직하되 함부로 하지 않고, 빛나되 번쩍이지 않는다).

다. 대한제국에서는 외부 교섭국장과 평안남도 관찰사, 한성재판소장, 임시정부에서는 법무총장과 재무총장, 국무위원, 대한민국에서는 초대 부통령을 지냈다. 그는 임시정부에 참여한 대한제국의 최고위 인물이고, 해방 후 환국한 임시정부 요인 중 대한민국 정부 최고위직에 선출되었다.

그의 드라마틱한 생애는 거대한 장편소설의 주인공을 방불케 한다. 삼한갑족의 아들로 태어나 전통적 유학자로서 소년 급제하여 홍문관과 사헌부, 사간원의 요직을 거쳐 우승지 등을 지내고, 을사늑약 당시 외부 교섭국장으로 외부대신 박제순을 움직여 이를 막고자 했으나 그자의 변신으로 뜻을 이루지 못했다. 하여, 재야의 힘을 빌려 국치를 막고자 안창호 등과 비밀결사 신민회를 조직하여 야인이 되었다.

1910년 8월의 경술국치를 당해서 삼한갑족의 명예와 기득권을 버리고 6형제가 함께 당시 40만 원에 달하는 재산을 모두 정리하여 만주로 망명, 형들과 신흥무관학교를 세워서 독립군관을 양성했다. 이후 무장항쟁의 주역 대부분이 신흥무관학교 출신이었다. 1919년 국내의 3·1혁명에 이어 상하이에 임시정부가 수립될 때, 그는 의정원 의원에 선임되고 다시 법무총장으로서 임시정부의 법체계를 책임 맡았다.

이후 27년 동안 임시정부의 주요 직책을 두루 맡아 조국해방운동에 몸 바쳤다. 일제 패망 후 환국할 때 그는 망명 6형제 중 유일한 생존자였다. 큰형은 노환으로 사망하고, 둘째 형은 굶어 죽고, 셋째 형은 병사, 넷째 형은 감옥에서 옥사, 막내는 행방불명되었다. 성재는 환국하여 혼란기에도 불구하고 청년교육을 위해 경희대학의 전신인 신흥대학을 설립하고, 대한민국 정부 수립에 참여하여 초대 부통령에 선출되었다.

그렇지만 이승만 대통령의 독주와 견제로 소임을 다하지 못하던 중 6·25전쟁이 발발하고, 이승만은 국난극복보다는 국민방위군 사건, 국민보도연맹 사건 등을 일으킨 부패한 측근들에 둘러싸여 피난수도 부산에서 임기연장을 위한 정치파동을 일으켰다.

성재는 여러 차례 진언했으나 이승만은 오히려 역정을 내면서 날이 갈수록 헌정을 유린하고 민생을 외면한 채 아집과 독선에 빠져들었다.

성재는 단호히 부통령 사직서를 내던졌다. 그때 한 말이 오늘날에도 모든 공직자들이 새겨야 할 시위소찬尸位素餐, 즉 하는 일 없이 높은 자리에 앉아 국민의 세금이나 축낼 수 없다는 것이었다. 몸가짐이 이러했다.

'장편소설의 주인공'은 생애의 굽이굽이마다 드라마틱한 요소가 장치되어 있었다. 22세 때 증광 문과에 급제하여 동궁(세자)의 서연관書筵官으로 궁궐을 드나들고, 한말 개화내각을 이끌다가 명성황후 시해 사건으로 친일파로 몰려 광화문 거리에서 군중에게 참살당한 총리대신 김홍집의 사위였다.

그는 정통유학인 성리학자로 입신하여 각급 고위 관직을 거치고도 자유민권사상의 아성이 된 신민회에 참여하여 근대적 민권사상으로 무장한다. 고루한 유학을 떨치고 민족종교인 대종교에 입신하고, 무장전쟁을 준비하면서 신흥무관학교를 설립했다. 그 얼마 후에는 덕수궁에 감금되다시피 한 고종을 탈출시켜 독립운동에 참여시키려고 시도했으나 뜻을 이루지 못했다.

전통적인 유교 교육을 받은 사대부 출신이 임시정부의 법무총장으로서 민주공화정의 기틀을 마련했다. 해방 후 미군정 사령관 하지 장군을 만난 자리에서 그의 정사 처리가 기대에 못 미친다면서 "반미와 반군정을 혼동하지 말라"고 호통쳤다. 평소의 조용한 성품 어디에서 그런 결기가 나왔을까.

해방 후 김구 주석과 김규식 부주석의 단독정부 불참 노선에 반대하면서, 두 분의 설득이 여의치 않아 홀로 정부에 참여했으나 김구 주석의 암살 소식을 듣고 경교장으로 달려가 목 놓아 울었다. 지금 서울 남산에는 두 분의 동상이 지근거리에 서 있다.

이시영 선생은 동양군자이면서 지행합일知行合一을 추구하는 양명학의 영향을 받은 선비로서 조국이 위난에 처하자 모든 기득권을 버리고 떨쳐 일어나 독립운동의 최전선에 섰던 인물이다. 그런가 하면 그는 '귀족의 의무'라는 노블레스 오블리주 정신을 실천했다. 그뿐만 아니라 전시하에서 야당 지도자들이 독재자 이승만과 대결하기를 꺼리는 시기에 홀연히 야당의 대통령 후보로 나서는 용기를 보였다. '민주' 간판을 단 한국 정통야당의 출발점에 그가 있었다. 그런가 하면 망명 시절 저명한 중국학자 황염배黃炎培가 우리나라 역사를 왜곡한 것을 발견하고 반박한 책『감시만어感時漫語』는 민족사학자의 식견을 보여준다. '광이불요'의 인물, 성재 이시영 선생을 만나러 간다.

서문: 성재 이시영은 누구인가

삼대한을 관통하는 근현대사의 정맥

성재 이시영 선생은 우리 근현대사에서 보기 드문 유형의 지도자이다. 조선왕조에서 태어나 대한제국의 한성재판소장, 고등재판소 판사 등을 지냈으며, 국치 이후 대한민국 임시정부 수립에 참여하여 의정원 의원, 법무총장, 재무총장 등 임시정부의 중축을 담당하고, 해방 뒤에는 대한독립촉성국민회 위원장에 이어 초대 부통령을 역임했다.

대한제국에서 대한민국 임시정부를 거쳐 대한민국으로 이어지는 삼대한三大韓의 고위직을 역임한 인물은 그가 유일하다. 우리나라의 정통성과 법통의 정맥을 이은 분이다.

성재 선생은 '삼대한'의 법통을 씨줄로 삼아, 대한제국에서는 외부 교섭국장으로서 을사늑약 저지에 사력을 다하다가 세가 불리하고 역부족하자 관직을 내던지고 재야에서 안창호, 신채호 등과 신민회를 만들어 구국운동을 펼쳤다.

경술국치를 당하자 6형제가 뜻을 모아 전 재산을 팔고 60여 명의 가솔과 함께 만주로 망명, 서간도 유하현 삼원보에 독립군기지 신흥무관학교를 세우고 3500여 명의 독립군관을 양성했다. 국내의 3·1혁명에 뒤이어 상하이에 대한민국 임시정부가 수립될 때 헌법기초위원으로 민주공화제 헌법(약헌)을 제정하고 법무총장으로서 임시정부의 기틀을 마련했다.

피눈물 나는 풍찬노숙 망명 35년 만에 환국하여 대한민국 정부 수립에 참여하고, 초대 부통령에 선출되었으나 이승만 대통령의 독선독주에 맞서다가 부통령직을 내던졌다. 재야원로들과 함께 반이승만 전선을 구축하여 민주화운동의 초석을 놓고, 제2대 대통령 후보에 추대되었으나 뜻을 이루지 못했다.

돌이켜보면 선생은 '위대한 패배자'였다. 현실적으로 그는 늘 패배했으나 역사적으로는 승리자였다. 삼한갑족의 기득권과 전 재산을 내던지고, 독립운동 시절에는 여러 단체의 수장首長을 마다하고, 대한민국에서는 부통령직을 내던졌다. 현실에서 큰 것을 내던짐으로써 역사의 자리에서 정석正席을 얻었다.

선생의 넉넉한 도량과 견결한 인품은 좁게는 형제간의 우애로부터, 넓게는 임시정부를 비롯해 독립운동 진영의 정신적 지주가 되었고, 육신은 비록 5척 단구로 왜소하지만 옹골찬 기상과 황소 100마리가 끌어도 꿈쩍하지 않을 불굴의 신념은 84년 생애를 정도正道에서 한 치도 벗어나지 않게 했다.

그가 독자적인 조직을 만든 일도 없고, 활동에 치우침도 없었다. 항상 목소리를 낮추고 자신을 내세우지 않으면서, 자신의 자리를 지킨 인물이 바로 이시영이다. 또한 그는 격렬한 투쟁의 현장에 나서거나 좌우분화와 갈등의 길목에서 부딪히지 않고 조용히 민족주의 노선을 견지한 인물이기도 했다.[2]

만석꾼의 아들로 태어나고 비록 이국땅에 세운 임시정부일지언정 그 살림을 도맡은 재무총장을 지내고도 자식들이 굶어죽을 만큼 선공후사先公後私의 정신에 철저하고 청렴결백하여, 종국에는 셋집에서 숨을 거둔 깨끗한 지도자였다.

대한민국 정부 수립 후 이승만 대통령이 어느 날 그가 소유했던 옛 토지의 일부나마 되찾아 주겠다고 했을 때 선생은 딱 잘라 대답한다. "내 재산 찾으려고 독립운동한 게 아니오."[3]

그의 재물관이 이랬고, 공사公私에 대한 처신이 이처럼 단호했다. 1930년대 우리 독립운동의 좌절기에 국내에서는 조선총독부가 중국에서 활동 중인 이시영을 뒤쫓아 암살하고자 혈안이 되었다. 다음은 이 시기의 삽화한 토막이다.

월남 이상재 선생은 국내에서, 성재 이시영 선생은 국외에서 투쟁의 장을 찾았다. 그러므로 3·1혁명을 전후하여 이 나라의 눈동자 반짝이는 젊은이들

2 김희곤, 「성재 이시영과 대한민국 임시정부」, 우당 이회영 일가 망명 100주년 기념 학술회의, 2010년 10월 22일.
3 김형민, 「부통령직 내던지며 이시영 선생이 한 말」, ≪시사인≫, 2019년 4월 9일 자.

은, "나라 안에는 월남, 나라 밖에는 성재가 계시어 어디를 가나 불빛을 볼 수 있다"라고 마음 든든해했던 것이다.[4]

정부는 1949년 8월 15일 성재 선생에게 건국공로훈장 중장(1967년 건국훈장 대한민국장으로 개칭됨)을 수여하고, 1984년 12월에는 '성재 이시영 선생 기념사업회'(초대 회장 윤택중)가 설립되었다. 기념사업회는 1986년 서울 남산에 있는 백범 김구 선생 동상 곁에 성재 이시영 선생의 동상을 세움으로써, 해방 뒤 한때 갈라섰던 두 분이 저승에서라도 다시 함께하기를 기원했다.

성재 선생의 서훈을 시작으로 하여 어려서 죽은 여섯째 소영을 제외하고 장성한 6형제 모두가 서훈됨으로써 우리나라 서훈 역사상 형제 중에 가장 많은 분이 독립유공자 훈장을 받게 되었다.

성재 선생은 1등급 훈장인 중장(重章)을 받고 남산에 동상이 세워지는 등 어느 정도 공적이 선양되었으나 직계 후손들은 가난에 쪼들리고 수유리 묘소는 여전히 황량한 상태에 놓여 있다.

대한민국의 초대 부통령까지 지낸 이시영이지만 그 후손들은 끈질기게 가난에 시달리며 살았고 이시영의 묘는 방치되다시피 했단다. 묘 옆의 무허가 주택에서 수십 년 동안 묘를 돌본 이는 이시영의 며느리 서차희 씨였어. 자신들의 결혼 축의금을 몽땅 싸들고 상하이로 달려갔지만 존경스러웠던

---

4 이경남, 『선구자』(지문사, 1986), 61쪽.

시아버지의 묘를 그는 떠나지 않았어.

기초생활수급자로 근근이 살았던 서차희 씨는 2013년 104세의 나이로 세상을 떴다. 며느리를 저승에서 만났을 때 대한제국 평안남도 관찰사, 외부 교섭국장, 대한민국 임시정부 재무총장, 대한민국 부통령 이시영은 뭐라고 했을까. "아가, 미안하구나. 이제는 내가 갚아주마" 하며 쌈짓돈이라도 손에 쥐여주지 않았을까. 문득 그 만남을 상상하다 보니 가슴이 더워오는구나.[5]

빛나되 번쩍이지 않은 성재 이시영 선생의 생애는 우리 근현대사의 정맥正脈이고, 정통正統이고, 법통法統이며, 노블레스 오블리주의 사표師表이며, 선비형 지사의 표상表象이 아닐까?

---

5 김형민, 앞의 글.

제1장

출생가문과 성장기

삼한갑족에서 금수저 물고 태어나

행운을 타고난 사람이 있고 그렇지 못한 경우도 있다. 누군들 기름진 텃밭이나 안전한 둥지에서 태어나기를 마다하랴만, 출생에는 본인의 의지가 따르지 않는 법, 신의 영역이거나 우연의 산물일 수밖에 없다. 그래서 철학자들은 불가지론不可知論으로 이를 피해간다.

이시영은 행운을 타고났다. 가문과 문벌이 좋고 뼈대 있는 집안의 옥동자로 출생한다. 사람들은 그의 집안을 삼한갑족이라 불렀다. 국어사전은 삼한갑족三韓甲族을 "우리나라에서 옛적부터 대대로 문벌이 높은 집안"이라 풀이한다. 거기에다 총명한 두뇌와 튼튼한 건강도 타고났다. 시쳇말로 금수저를 물고 나왔다.

그가 태어난 조선후기는 여전히 신분사회여서 양반의 자제는 과거에 급제하여 벼슬을 하는 것은 물론이고, 공신이나 현직 당상관의 자손일 경우 과거에 의하지 않고도 음서제蔭敍制에 의하여 관리로 채용될 수 있었다. 그래서 평생 대접받고 호의호식하면서 살 수 있었다. 영국 등 유럽의 귀족계급과 다르지 않았던 것이다.

　이시영은 1869년(고종 6년) 12월 3일 서울 저동(지금의 명동성당 일대)에서 태어났다. 아버지는 이조판서와 의정부 좌찬성을 지낸 이유승李裕承이며 어머니는 역시 이조판서를 지낸 정순조의 딸이다. 이조판서吏曹判書는 조선조 때 문관의 선임과 공훈봉작, 관리의 성적고사, 포폄에 관한 일을 맡아보던 정2품 벼슬로 요직 중의 요직이었다. 의정부는 조선조 때 임금을 보좌하며 정무를 총괄하던 행정부의 최고기관으로 영의정, 좌의정, 우의정이 각각 1명씩 있었고, 좌찬성은 의정부에 속한 종1품 관직으로 역시 의정부의 고위직이었다.

　　선생의 시조 알평謁平은 신라의 개국 공신으로서 어질고 후덕함이 밝게 드러났고, 10대조 백사白沙 항복恒福은 임진왜란의 으뜸가는 훈신勳臣으로 광해군의 폐모 때는 인륜에 어그러짐을 막고자 항쟁한 사실이라든지, 그 문인들이 서인西人으로서 인조반정의 공신이 되었으나 당시 동서東西 당파에 초연했던 것은 후인이 인정 추모하는 바로서, 고절현사高節賢士의 혈맥이 뚜렷하다.

　　6대조 충정공忠定公 태좌台佐는 노소老少 당쟁에 휩쓸리지 않았음을 기리어 영조英祖께서 "입조사십년立朝四十年에 불편부당不偏不黨"이라 하시고 결신충국潔身忠國이라는 넉 자를 내리시어 비碑를 세우고 비각을 짓게 했다.

　　또한 5대조 오천상공梧川相公 종성宗城은, 안으로는 역본방지易本防止, 곧 영조 계유년에 문소의文昭儀가 딸을 낳았을 때 간사한 무리가 민간에서 출생한 사내아이로 바꾸려던 일을 막음으로써 왕통을 잇게 했고, 밖으로는 청황경복^{清皇憨服} — 영조 갑술년에 청나라 건륭제^{乾隆帝}의 대보단^{大報壇}에 대한 힐책과 금관 조복 찾을 것을 미리 알고 경탄하게 한 일 — 으로 국위를 선양한 공적은 세인이 모두 아는 바이다. 그 외에도 혁혁하신 분들이 면면히 계승했으니, 이루 다 기술할 수 없을 정도다.[6]

이시영은 7형제 중 다섯째 아들로 태어났다. 맏이는 건영^{健榮}, 둘째는 석영^{石榮}, 셋째는 철영^{哲榮}, 넷째는 회영^{會榮}, 여섯째는 소영^{韶榮}, 막내는 호영^{護榮}이다. 소영은 어린나이에 세상을 떴다. 여동생은 둘이었다. 매제 신재희는 독립운동가 해공 신익희의 친형이다.

이시영이 형제들과 함께 모든 재산을 팔아 망명길에 나설 때까지 40여 년 동안 삼한갑족의 영예를 누리게 한 선대의 뿌리를 다시 살펴본다.

『경주이씨 대동보』에 따르면 이시영의 선대는 경주이씨 상서공파^{尚書公派}인데 10대조는 백사 이항복으로, 권율 장군의 사위다. 이항복은 임진왜란이 일어나자 선조를 의주까지 호종한 데 이어 이조참판, 형조판서, 홍문관대제학을 지내고, 호남 지방에서 근왕병을 일으키게 하여 왜적을 막는 등 많은 공을 세워 좌의정 겸 도체찰사를 지냈다.

5대조 오천^{梧川} 이종성은 영조 때에 영의정을 지냈으며, 부친 이유승은 1864년(고종 1년)에 증광문과에 급제하여 1868년 평안도 암행어사가 되었다. 그 후 여러 관직을 거쳐 대사성에 이어 예조, 공조, 형조, 이조의 판서를 두루 역임했다. 그 밖에 직계 조상들 가운데는 중앙의 고위 관직에 올

---

6 박창화, 『성재 이시영 소전』(을유문화사, 1984), 22쪽.

랐던 인물이 적지 않았다.

시조인 은열왕 알평調平은 신라 개국 원훈이고, 중조中祖(1세)는 거명居明. 10대조는 항복恒福(영의정), 9대조는 정남井男(예보사정), 8대조는 시술時術(이조판서), 7대조는 세필世弼, 6대조는 태좌台左(좌의정), 5대조는 종성宗城(영의정), 4대조는 경륜敬倫(병조판서), 증조는 정규廷奎(예조판서), 조부는 계선啓善(정언), 부친은 유승(좌찬성)이다.

15세에 소과 급제, 순탄한 출셋길

조선 후기 양반가 자제들의 성장과 교육 과정은 크게 다르지 않았다. 이시영 형제들도 그랬다. 그가 한학을 수학하던 7세 때 강화도조약이 체결되고 15세 때에 갑신정변이 일어났으나, 본인은 물론 가족사에 아직 큰 변화는 일어나지 않았다. 그래서 유소년기는 유복한 가정에서 평탄하게 성장할 수 있었다.

유년 시절부터 덕성이 남다르고 아량과 재지才智가 비범했다. 7세부터는 한학漢學을 학습하기 시작했는데, 15세까지 가정에서 부형을 돈독히 받드는 한편으로 문학文學을 독실하게 공부하니, 사우간師友間에 그의 숙성조달夙成早達함을 보고 다투어 칭송하지 않는 이가 없었다고 한다. 인인군자仁人君子의 혈통과 대인大人의 풍모는 소년시절부터 이미 남의 이목을 가리우기 어려웠던 것이다.[7]

이시영은 좋은 가문에서 태어나 남부럽지 않게 교육을 받으며 성장하게 되었으나, 시국은 점차 폭풍우를 가득 실은 먹구름이 몰려오고 있었다. 태어나기 한 해 전(1868년) 일본은 메이지 유신을 이루고, 출생하던 해 2월에는 일본 왕을 황제로 칭하는 '천황 명의'로 조선에 국서를 보내자, 조정은 접수를 거부하는 일이 벌어졌다. 일본의 메이지 유신과 강화도조약, 그리고 국서 사건은 장차 한일 사이에 일어날 태풍 또는 쓰나미의 예고편이었다. 이들 사건은 이시영과 그 가족 나아가서 조선 사회에 돌이키기 어려운 재난과 국난으로 이어지게 되지만, 그가 성장할 때까지는 아직 미풍에 머물러 있었다.

한학을 위주로 15세까지 공부하던 그는 16세가 되는 1885년에 동몽교관童蒙敎官에 임명되었다. 그리고 그해 봄 식년감시式年監試에 급제하여 생원이 되었고, 그다음 해인 병술년에는 남행가주서南行假注書가 되어 근정전에서 근무하게 되었다.[8] 이어 18세 때인 1887년 정해년에는 형조좌랑을 역임했다.

19세가 되던 1888년에는 세자익위사世子翊衛司에 특별히 선발되어 익찬翊贊, 익위翊衛, 사어司禦로 3년간 동궁을 보좌하였다.[9]

---

7   앞의 책, 23쪽.

8   남행은 대과를 거치지 않고 음서제로 관직에 임용되는 것을 말하는데, 문과 급제자들을 동반, 무과 급제자들을 서반이라고 하는 데 대비한 호칭이다(북쪽은 임금의 자리이다). 가주서는 승정원의 주서가 유고시에 그 역할을 대리하던 임시직이다.

9   이은우, 『임시정부와 이시영』(범우사, 1997), 26쪽 참조.

바탕이 영민한 데다 좋은 가문 출신이어서 16세에 3년마다 한 번씩 치르는 과거 행사인 식년감시에 합격하면서 관직에 출사하고, 19세에는 동궁(나중의 순종)을 보좌하게 된 것이다.

그러던 중 22세 되는 신묘년 여름에는 증광문과增廣文科에 급제하여 세자에게 강의하는 춘방春坊[10]에서 서연으로 4년간을 근무했다. 그리하여 동궁과 함께 생활하면서 공부를 한 햇수는 7년이나 되는데, 이처럼 오래도록 장차 국왕이 될 인물을 가르치고 함께 생활을 했다고 하는 것은 단지 학문적인 면에서 뛰어날 뿐만 아니라 인격적 수양 면에서도 남다른 데가 있었기 때문이 아닌가 한다.

특히 그는 제왕의 학문이 다른 필부와는 다르다 하여 수시로 치국안민治國安民의 근본과 대법大法을 진언하는 등 자신의 책무에 게으름을 피운 적이 없다고 하니, 당시 어린 나이의 성재지만 자신의 직책이나 국사의 중대함 등에 대해서 얼마나 깊이 명찰하고 있었는지를 잘 알 수 있을 것이다.[11]

이시영이 출세의 가도를 달리고 있을 즈음 나라 안팎에서는 세찬 파고가 일고 있었다. 임오군란(1882년), 갑신정변(1884년), 영국군 거문도 점령과 청·일 톈진조약, 최초의 감리교회인 아펜젤러의 정동교회 설립(1888년) 등이다.

---

10 세자 시강원의 별칭.
11 앞의 책, 27쪽.

김홍집의 딸과 초혼, 10여 년 뒤 사별

19세기 말 조선사회는 격변기였다. 큰 물줄기는 산업혁명에 성공한 서구열강의 식민지 쟁탈전이 동양으로 밀려오고, 재빨리 여기에 편승한 일본이 서구에서 배운 행태를 그대로 조선에서 시행하고자 하면서 벌어진 격변이고 격동이었다.

조선 내부에서도 변화의 파고가 일고 있었다. '서세동점'에 맞서 '동도서기론'이 제기되고 이참에 우리 것을 찾자는 동학이 창도되었다. 천주교 전래와 동학 창도는 백성들을 각성시키고, 차츰 사회변혁을 요구하기에 이르렀다.

중국에서는 1840~1842년 아편을 둘러싸고 벌어진 청국과 영국의 전쟁에서 청국이 패하여 반식민지로 전락하고, 비슷한 시기에 일어난 태평천국의 난은 여러 형태로 조선지식층과 민중들에게 영향을 끼쳤다.

최제우가 1860년 유불선 동양 3교와 민족고유의 시천侍天사상을 융합하여 동학을 창도하면서 그동안 봉건질서와 탐관오리들의 수탈에 신음하던 백성들이 행동으로 나왔다.

이시영이 22세가 되는 1891년 12월 동학교도들이 전라도 삼례에 집합하여 교조신원운동을 전개하고 1893년 2월 동학간부 40여 명이 대궐 앞에서 교조신원을 위한 복합상소를 올린 데 이어 3월에는 보은집회에서 '척왜양斥倭洋'을 내걸고 대규모 시위를 벌였다. 비슷한 시기 전국 각지에서 민란이 일어나고, 이의 종합판으로 1894년 1월 전라도에서 전봉준, 김개남, 손화중 등이 중심이 되어 동학농민혁명을 일으켰다.

이시영이 대한민국 초대 부통령이던 시절 그의 비서관이었던 박창화의 기록이다.

> 1893년(24세)에는 사학교수四學敎授 문신文臣 겸 선전관宣傳官과 사한시司漢詩, 장악원掌樂院, 사헌부司憲府, 사간원司諫院 등의 여러 곳에서 요직을 거쳤다.
>
> 선생의 관로官路는 순조로워 25세(1894년) 때에는 이미 승정원 동부승지同副承旨로 정3품에 제수되었고 이어 우승지에 이르렀으며 약원藥院과 상원尙院의 부제조副提調를 겸임하는 동시에 참의내무부사參議內務府事, 궁내부 수석참의首席參議에 특수特授 되었다.
>
> 선생이 10년 동안 여러 가지 직무에 겸임되고 영전하게 된 것은 황은皇恩의 특수하심도 있지만, 선생의 국가에 대한 지성과 공무에 대한 책임이 얼마나 거짓 없고 충근忠勤했던가 하는 것을 미루어 헤아릴 수 있다.[12]

이때까지도 이시영은 관직에 충실한 전통유학자의 삶이었다. 민족 내부적 모순과 외세의 침략을 지켜보면서 주어진 역할에 매진했다. 15세 때인 1884년 당시의 조혼풍습에 따라 당대의 세도가 김홍집의 딸과 혼인을 한다. 김홍집은 1867년 문과에 급제하고 1880년 제2차 수신사로 일본에 갔다가 청나라 황준헌이 쓴 『조선책략』을 가지고 들어와 고종에게 바치고, 개화정책을 역설했다.

---

12 박창화, 앞의 책, 24쪽.

김홍집은 1882년 임오군란 후 전권대신 이유원의 부관으로 일본과 제물포조약을 맺었으며, 1894년 청일전쟁이 발발하자 김홍집 내각을 조직, 총리대신이 되었다. 청일전쟁의 결과 일본이 득세하자 제2차 김홍집 내각이 성립되었으며, 이때 '홍범14조'를 공포하여 새로운 국가체제를 세우고 갑오경장을 단행했다. 명성황후가 시해된 을미사변 후 제3차 김홍집 내각을 세워 단발령 등 급격한 개혁을 실시하다가 전국에서 의병항쟁을 유발시켰으며, 1896년 아관파천이 일어나자 내각이 붕괴되는 동시에 김홍집은 매국친일당의 두목이라는 악명을 쓰고 광화문 거리에서 군중에게 참살되었다.

이시영은 본가뿐 아니라 처가 쪽으로도 쟁쟁한 세도가의 사위가 되어, 장인 김홍집 내각의 개혁정책을 살폈다. 그러나 장인이 광화문에서 성난 군중에게 참살당하기 전인 1895년 6월 부인이 세상을 떠났다. 병사였던 것으로 알려진다. 결혼한 지 11년 만에 젊은 아내를 떠나보내고 1년 뒤에는 장인이 참살당하는 아픔을 겪어야 했다.

이시영은 격변의 파고가 휘몰아치는 정치의 중심에 서 있었다. 장인이 제3차 김홍집 내각을 맡고자 할 때 아무리 국왕의 지시라도 시국의 엄중함을 들어 출사하지 말 것을 진언했으나 김홍집은 이를 듣지 않았다가 끝내 참변을 당했다. 장인을 지켜보면서 아무리 필요한 개화정책이라도 민중이 원하지 않는 정책을 서둘러서는 안 된다는 것을 깨닫게 되었다.

넷째 형 이회영으로부터의 양명학 세례

이시영 형제들의 우애는 남달랐다. 어렸을 적부터 그토록 우애가 깊었기에 뒷날 6형제가 한마음으로 모든 재산을 팔아 망명길에 나설 수 있었던 것이다.

선생의 집안은 6형제로 번성한 가족이었다. 형제 모두가 화합하고 즐거워하여 그 우애가 마치 악기를 서로 맞춰 연주하듯 즐거웠고, 산앵두나무의 만개한 꽃과 같이 화사했으니, 온 집안에 즐거운 기운이 가득 찼고 형제간의 우애의 소문이 온 서울 시내에서 으뜸이었다.[13]

우애와 개성은 다른 문제이다. 아무리 우애 깊은 형제라도 개성과 성향이 같을 순 없을 것이다. 특히 넷째 형 이회영과 다섯째인 이시영은 두 살 터울인데도 생각하는 방향과 청소년 시절에 걷는 길이 확연히 달랐다. 이회영 역시 유가의 전통에서 성리학을 공부하며 성장하지만 다른 형제들과는 크게 달랐다. 이회영에 관한 평가다.

그는 소년 시절부터 혁명적 기질이 풍부하여 사회 통념을 뛰어넘는 과감한 행동으로 그의 친척들과 주변 사람들을 놀라게 했다. 그는 집안에 거느리고 있던 종들을 자유민으로 풀어주기도 했고, 더 나아가 남의 집 종들에게

---

13 김명섭, 『자유를 위해 투쟁한 아나키스트 이회영』(역사공간, 2008), 14쪽.

도 높임말을 쓰는 등 파격적인 행보를 보였다. 당시의 양반들이나 판서의 집안 자제로서는 상상도 할 수 없는 '당치않은 짓'이었다.[14]

이시영이 소년 급제하고 관계에 진출하여 중앙정계의 요직을 두루 거칠 때, 그의 넷째 형 이회영은 과거 같은 것은 안중에도 두지 않고 서양의 신지식을 배우고 자유분방한 모습으로 활동했다.

이러한 천품과 성격을 지닌 [이회영] 선생은 소년 시절부터 진취적이어서 옛 경전을 공부하기보다는 서구의 새로운 지식을 흡수하기 좋아했다. 이 때문에 봉건제도의 계급적인 구속과 형식적인 인습을 싫어했다. 그래서 선생의 가정적인 분위기나 사회적인 환경으로 볼 때 당연히 관계에 투신할 입장이었지만, 선생은 조금도 벼슬길에 대한 생각을 하지 않았다. 그뿐만 아니라 선생은 당시의 부패한 관계官界를 원수 보듯이 싫어했다.[15]

이회영과 이시영의 생각과 진로를 갈라놓은 것은 양명학이었다. 이들의 집안은 이건창, 이건방 등 당대의 양명학자들과 오래 전부터 세교世交가 이어졌다.

당시 이회영 집안은 양명학자 이건승, 홍승헌, 정원하 집안과 세교가 돈

---

14 앞의 책, 16쪽.
15 이완희, 『보재 이상설 선생 전기초』, 1976, 21쪽.

독했다. 이회영 가문이 교유했던 집안들 역시 당시 쟁쟁한 명문거족이었다. 이건승 가문은 이건창, 이건방 등 쟁쟁한 학자를 배출한 가문이며, 홍승헌은 이계 홍양호의 5대 종손이었다. (……) 정원하 가문은 바로 한국 양명학 곧 강화학江華學의 거두이며 숙종, 경종, 영조 삼조빈사三朝賓師의 영예를 누린 하곡 정제두를 배출한 집안이었다. 이건승, 홍승헌, 정원하는 모두 이회영 가문과 마찬가지로 만주로 망명한 우국지사들이었다.[16]

양명학에 천착한 이들은 "일의 성패를 문제 삼지 않고 오직 동기의 순수성 여부가 문제일 따름이라고 한 왕양명의 가르침, 시작과 끝을 오직 진실과 양심에 호소할 뿐, 성패를 묻지 않는 강화학의 가르침"을 그대로 실천했다.

이회영과 이상설 등 일군의 의식청년들은 성리학의 적폐에서 벗어나 점차 기울어져 가는 국가의 명운을 살리기 위해 양명학을 탐구하고 이를 실천이념으로 수용했다. 격물치지格物致知의 '치지'는 지식을 닦는 것에 머물지 않고 지知를 실현하는 것으로 해석하고 실천했다. 이들은 양명사상에 따라 『대학大學』에 나오는 '친민親民'을 주자학에서처럼 '신민新民', 즉 "백성을 새롭게 한다"라고 해석하지 않고 "백성을 친하게 한다"라고 그대로 해석하고 실천했다.

이시영이 성리학으로 과거에 급제하고 충군사상으로 조선왕조에 출사하고서도 임시정부에 참여하여 주권재민의 헌법(약헌)을 만들고, 이후 민

---

16 이정규, 『우당 이회영 약전』(을유문화사, 1985), 21~22쪽.

주공화주의자가 될 수 있었던 것은, 형 이회영과 그의 친구 이상설 등으로 부터 양명학의 세례를 받았기 때문일 것이다.

당시 이시영과 비슷한 시기에 급제하고 출사한 인물들은 국치 후 대부 분 총독부 관리로 전향하거나 시국의 격랑에 묻히게 되고, 공화주의자로 변신한 사람은 거의 없었다.

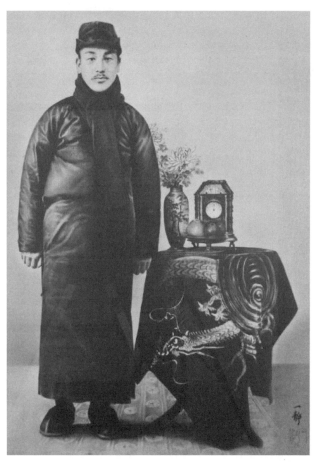

▲ 우당 이회영

제2장

급변하는 내외정세 속에서

고종의 '관전사'로 청일전쟁 현장 시찰

이시영은 행운을 타고 났지만 불운한 시대였다. 그가 정부 요직을 두루
거치는 동안 시대상황은 날이 갈수록 어지러워졌다. 1894년 국내에서는
동학농민혁명, 국제적으로 청일전쟁이 발발했다. 청일전쟁의 본질은 조
선의 종주권을 일본이 차지하고자 벌인 패권전쟁이었다.

이때 이시영은 승정원의 동부승지가 되어 정3품에 제수되고, 곧 우승지
에 올랐으며, 약원藥院과 상원尙院의 부제조副堤調(정3품의 당상관)를 겸임하
는 동시에 참의내무부사參議內務府事, 궁내부 수석참의(정3품)에 특별히 제
수되었다. 25세 때이다.

청일전쟁이 한창이던 1895년 1월 고종이 어명을 내렸다. 이시영에게
관전사觀戰使의 책임을 맡겨 요동반도遼東半島, 뤼순旅順, 다롄大連 등의 전황
을 시찰하고 오라는 명령이었다. 고종이 그만큼 신뢰하고 그의 안목과 정
세판단력을 중시했기 때문이다. 이시영은 약 3개월 동안 해당 지역을 돌
아보고 귀국하여 상세히 복명했다.

당시 중국의 육·해군은 그 수에 있어서나 장비와 무기가 일본에 비하여 우세했으나, 명령 계통과 통솔이 제대로 시행되지 않음을 보고 개탄했다고 한다.[17]

당시 중국은 청나라 말기의 혼란기이고 일본은 메이지 유신 이후의 신흥강국이어서 일사불란한 체제였다.

이러한 결과는 그 후 여러 연구에 의해 올바른 판단이었다고 곧 판명되었는데, 당시 시찰을 하면서 그러한 통찰력을 가지고 있었다는 것은 그야말로 그의 안목과 혜안이 아주 뛰어났음을 보여주는 좋은 예라고 할 수 있다.[18]

이시영은 1910년에 형제들과 함께 중국으로 망명하기 15년 전에 국왕의 '관전사'의 자격으로 요동반도 등지를 시찰하고 전황을 살펴봄으로써 국제적 안목을 키우게 되었다. 그는 일본의 군사력과 지휘체계를 지켜보면서 섬뜩한 전율 같은 것을 느꼈을 것이다. 그런데 놀라운 일은 궐내의 사정이었다.

이러한 그의 혜안을 받아주고 앞으로의 문제에 대처하려는 자는 당시 궁중에 한 사람도 없는 상태였다. 오히려 청일전쟁을 전후하여 국정이 어수선해지자 온갖 추악한 일들이 관료들에 의해 자행되었고, 또한 국왕의

---

17 박창화, 앞의 책, 26쪽.
18 이은우, 앞의 책, 28쪽.

총명이 그들의 농간에 의해 흐려지게 되자 정치에 환멸을 느낀 그는 모든 직책에서 사퇴하고 말았다.

더구나 그해 6월에는 증정부인贈貞夫人 김씨를 잃게 되었고, 국가적으로는 8월에 을미사변이 일어나 중전 민후閔后가 화를 당하자 그의 심중은 더욱 난감했다.

그러한 때 장인인 김홍집이 총리대신으로 나아가려 하자 이시영은 그를 극구 말렸다. 그러나 김홍집은 결국 왕의 명이 준엄했던지라 어쩔 수 없이 이를 수락하여 제4차 김홍집 내각을 구성하게 되었다. 그러나 그의 염려대로 이완용 등 매국노들의 모략에 의해 황제가 아관파천을 하는 사건까지 일어나 김홍집 내각은 곧 소멸하고 말았다.[19]

청일전쟁에서 일본이 승리하면서 조선에 대한 일본의 내정개입이 본격화되었다. 을미사변 후 친일 내각이 구성되고(1895년 8월), 단발령이 시행되었으며(11월), 유생들의 주도하에 충청도를 비롯해 삼남지방을 중심으로 의병이 일어났다. 을미의병이다.

이시영은 나라 걱정보다 시국의 추이에 따라 움직이면서 고종을 혼돈케 하는, 궁내에 도사리고 있는 소인배들의 행태에 분개하면서 모든 관직을 떠났다. 17세에 남행가주서南行假注書로 근정전에 입시하여 승정원의 우승지에 이르기까지 10년간의 관리직을 내던지고 귀향한 것이다.

---

19 이은우, 앞과 같음.

이시영이 관직에서 물러날 즈음 국내 정세는 하루가 멀다 하고 급변했다. 1896년 2월 이범진, 이완용을 비롯한 친러파와 러시아 공사 베베르K. I. Weber.가 공모하여 고종을 러시아 공사관으로 이주시켰다. 이른바 아관파천이다.

고종은 왕세자와 함께 2월 11일 새벽에 궁녀의 가마를 타고 몰래 궁궐을 빠져나와 정동의 러시아 공사관으로 피신했다. 그리고 친일 내각의 각료 모두를 체포, 처형하라는 명령을 내렸다. 이시영의 장인 김홍집과 농상공부대신 정병하가 살해되고, 유길준 등은 일본으로 망명했다. 이로써 친일 내각이 무너지고 이범진, 이완용, 윤치호를 비롯한 친러파와 친미파가 새로운 내각을 구성했다.

격변기에 이시영은 조정에서 물러나 야인의 신분이 됨으로써 재앙을 피할 수 있었다. 행운의 여신이 늘 그의 곁에 있었던 것 같다. 그가 할 일이 많이 남아 있어서였을 것이다.

관직에서 물러나 법률학 공부

갑신정변이 실패한 뒤 미국으로 망명했던 서재필이 1895년 12월에 귀국하여 중추원 고문을 맡고 1896년 4월 7일 ≪독립신문≫을 창간했다. 우리나라 최초의 민간신문으로서 한글판 3면, 영문판 1면, 주 3회 발행이었다. 순 한글로 신문을 발행할 수 있었던 것은 한글연구가 주시경의 도움이 컸다.

≪독립신문≫의 발행은 개화파 인사들이 중심이 되어 설립한 독립협회

가 있었기에 가능했다. 이 신문은 독립협회의 사실상 기관지 역할을 하게 되었고, 독립협회는 만민공동회를 열어 자유민권 사상을 불러일으키고 입헌군주제를 주창하기에 이르렀다.

이시영의 형 이회영은 우리 나이로 30세가 되는 1896년 《독립신문》에 「소년주세시少年州歲詩(소년 30세시)」를 발표했다.[20]

세상에 풍운은 많이 일고
해와 달은 급하게 사람을 몰아붙이는데
이 한 번의 젊은 나이를 어찌할 것인가
어느새 벌써 서른 살이 되었으니.[21]

이회영은 《독립신문》에 글을 쓸 만큼 독립협회나 만민공동회에서 활동했으나, 이시영은 민간 활동에 적극 나서지 않았다. 10년에 이르는 '관직의 먹물'이 아직 남아 있었을 것이다. 그러나 형과 그의 벗들이기도 하는 이상설, 여조현, 이범세, 서만순 등과 자주 어울려 산사에 들어가 정치학과 법률학 등 근대학문을 열심히 공부했다.

이때에 독습한 법률 공부로 임시정부의 헌법기초위원을 비롯하여 초대

---

20 이정규, 앞의 책, 25~26쪽.

21 風雲入世多(풍운입세다) 日月擲人急(일월척인급) 如何一少年(여하일소년) 忽忽巳三十(홀홀이삼십).

법무총장으로 선임될 만큼의 전문지식을 얻게 되었다.

이시영이 생애 최초라 할 '한가'를 보내고 있을 때 정세는 갈수록 어려워지고 있었다. 1897년 10월 11일, 조선은 대한제국으로 국호를 바꾸었다. 고종이 황제 칭호를 사용함으로써 중국과의 전통적인 종속관계를 청산하고 완전한 자주독립이 된 것을 내외에 선포했다. 청국이 청일전쟁에서 패함으로써 형식적인 종속관계마저 종식된 가운데 칭제건원으로 중국이나 일본과 대등한 독립국의 지위를 확보하려고 한 것이다.

이 조치로 황제의 통치권은 강화되었지만, 동학농민혁명, 독립협회, 만민공동회 등이 제기한 국정개혁은 뒷전이고 황실 위주의 개혁사업을 벌이는 동안 외세의 침략은 더욱 노골화되어 갔다. 이처럼 날로 극심해지는 외세의 이권 침탈을 막아낼 국력이 뒷받침되지 못한 상태에서 칭제건원을 시행한다고 해서 자주독립국이 될 수는 없었다.

고종은 1904년 2월 러일전쟁이 발발하자 국외중립을 선언했다. 그렇다고 조선이라는 먹잇감을 놓고 쟁투를 벌이는 늑대들이 '초식동물'로 변할 리는 없었다. 고종은 이해 이시영을 충청도 관찰사에 임명했으나 그는 끝까지 고사하고 하던 글공부에만 매진했다.

일본은 청국과의 전쟁에 이어 러일전쟁을 일으켰다. 영국과 미국의 지원을 받으면서 1904년 2월 8일 여순항에 있던 러시아 함대를 기습공격 했다. 러일전쟁을 도발한 일본군은 2월 9일 서울에 진주하고, 그 힘으로 23일 한일의정서를 체결했다.

일본군의 한국 내 전략 요충지 수용과 군사상의 편의 제공을 내용으로 하는 이 조약을 빌미로 일제는 광대한 토지를 군용지로 수용했으며, 각종 철도부설권도 군용이라는 명목으로 가로채갔다.

1905년이 되면서 나라의 운세는 더욱 내리막길을 향해 치닫고 있었다. 그 즈음 고종이 이시영을 외부 교섭국장에 임명한다는 칙령을 내렸다. 다른 감투라면 몰라도 외교 문제는 더 이상 방치할 수 없었다. 고종 정부에서 가장 무지하고 무기력한 분야가 외교 쪽이었다. 1876년 강화도조약 이래 1882년 제물포조약, 1884년 한성조약 그리고 이번 한일의정서에 이르기까지 모두 일본에 우월권을 넘겨준 불평등 조약이었다.

그런데 이제 청일전쟁과 러일전쟁에서 승리한 일본이 더 무리한 요구를 해올 것은 불을 보듯 뻔한 일이었다. 이시영은 국가 안위가 위태로운 시국에 언제까지나 개인적 연구와 안일에 빠져 있을 수 없었다. 더욱이 외부의 교섭국장이 아닌가.

교섭국장 맡아 고군분투

이시영은 36세에 외부 교섭국장에 임명되었다. 을사늑약이 체결되기 몇 달 전이다. 외부대신은 을사오적이 된 박제순朴齊純이었다. 그는 1883년(고종 20년) 별시문과에 급제하여 중국 톈진에 종사관으로 파견되었다가 귀국, 이조참의·참판, 한성판윤 등을 역임했다. 이어서 중추원 의관, 외부협판 등을 거쳐 1905년 외부대신이 된 인물이다. 1858년생으로 이시영보다 11년 연상이다.

외부에서 당장의 현안은 일본과 영국이 맺은 영일동맹의 문제였다. 러시아의 동진을 견제한다는 이유로 두 나라는 1902년 동맹을 맺고 영국은 중국에서, 일본은 조선에서 이익을 보장받는다는 내용을 담았다. 미국과 일본의 '가쓰라·태프트 밀약'의 일본과 영국판이었다. 1905년에 일본은 영국과 다시 공수동맹을 맺고 조선에서의 이익을 갈취하려고 들었다.

이시영은 이와 같은 작태를 용납할 수 없었다. 조선은 영국과 척진 일이 없었다. 오히려 영국 동양함대가 1885년(고종 22년) 4월 13일 군함 6척, 상선 2척으로 갑자기 전라도의 거문도를 불법으로 점령했다. 러시아의 세력을 견제한다는 생뚱한 이유였다. 조선정부는 영국 부영사와 청국주재 영국 대리공사에게 항의하는 한편 엄세영과 독일 출신의 외교고문 묄렌도르프를 일본에 파견, 교섭케 했다. 또 러시아가 청국에 사건중재를 하여 약 2년 만인 1887년 2월 영국함대가 거문도에서 물러났다.

이시영은 외부대신 박제순과 상의하고 영국 공사를 불러 영국 정부의 행위를 논박하는 문서를 전달하고, 영국 공사는 이 문서를 본국으로 발송했다.

"우리나라가 귀국에 대해 어떤 잘못을 저지른 것도 없고, 더구나 양국이 우호 협조하자는 조약까지 체결했다. 차제에 동양평화를 파괴하고 한영조약에 위배되는 모든 성명은 곧 취소하기 바란다."

영국 공사는 중국어에 능통하고 박제순도 중국어를 잘했으므로 의사소통이 잘되었다. 수일이 지나자 영국 공사가 외부에 찾아와서 사과의 말을 하고는, 귀국의 공문은 곧 본국에 전보로 전달했으며 회답을 기다리는 중이라고 설명했다.

일본인 누마노는 이런 내용을 알지 못하고 있었으나 어느 신문에, 한국

외부에서 모종의 비밀 공문이 영국으로 갔다는 의문의 기사가 게재되자 외교계에는 이상한 공기가 감돌기 시작했다. 여하튼 자기들에게 불리한 일이 있었던 것으로 짐작한 일본인들은, 그 후로 선생을 크게 주목하게 되었다.[22]

당시 대신 박제순을 비롯하여 외부의 간부들은 주변국들의 강약에 따라 자신의 거취나 이권에 눈이 멀어 기울어가는 국운을 붙들려 하지 않았다. 이시영이 영국 정부를 질타하는 비밀문서를 보낸 사실이 국내 신문에 보도되면서 일본 영사관에서는 이때부터 그를 주시하기 시작했다.

청일전쟁과 러일전쟁으로 두 대륙국가를 제압하고, 영일동맹과 가쓰라·태프트 밀약을 통해 영국과 미국 두 해양국가를 동맹으로 엮은 일본은 궁극의 목표인 대한제국을 먹어 삼키고자 본색을 드러냈다. 일본 메이지 정부는 1905년 10월 27일 각의에서 이른바 「한국보호권 확립실행에 관한 각의 결정의 건」을 의결했다. 고무라 외상이 만든 문건을 내각에서 그대로 채택한 것이다. 조선을 병탄시키는, 일본 정부의 최초의 공식 문건인 셈이다.

조선에 대한 우리의 보호권을 확립하는 것은 이미 조정에서 결정된 바이지만 그 실행은 지금이 바로 최선의 시기라고 본다. 왜냐하면 우리의 결정에 대해 영미 양국이 이미 동의했을 뿐 아니라 그 외의 국가들도 역시 한일 양국의 특수한 관계와 전쟁의 결과를 감안해서 최근에 발표된 영일동맹과

---

22 박창화, 앞의 책, 29쪽.

러일강화조약의 명문에 비추어 조선이 일본의 보호국으로 되는 것은 피할 수 없는 결과임을 묵인하여 (……) 따라서 다음과 같은 방법과 순서에 의해 차제에 이를 결행함으로써 우리의 소망을 관철할 것임.

①대략 별지와 같은 내용의 조약을 조선 정부와 체결하고 그 나라의 외교 관계를 전부 우리 수중에 넣을 것.

②그 조약이 성립되었을 때에는 발표 이전에 영·미는 물론 독·불 정부에도 내밀히 통첩할 것. 발표와 동시에 세상에 대해 하나의 선언을 하되 제국이 조선에 대해 보호권을 확립하기에 이른 이유를 말하고 아울러 조선과 열국과의 조약을 그대로 유지하고 조선에 있어서 열국의 상공업상의 이익은 이를 상해치 않겠다는 뜻을 천명할 것.

③실행의 시기는 11월 초순으로 할 것.

④조약 체결의 전권을 하야시 곤스케 공사에게 위임할 것.

⑤특히 칙사를 파견해서 조선 황제에게 친서를 보낼 것.

⑥조선주차군 사령관 하세가와 요시미치에게 하야시 공사에게 필요한 원조를 제공하여 본건의 만족한 성공을 기해야 한다는 뜻의 명령을 내릴 것.

⑦경성 주둔을 목적으로 수송 중인 제국 군대를 가급적 본건 착수 이전에 모두 입경토록 할 것.

⑧착수한 다음, 도저히 조선 정부의 동의를 얻을 희망이 없을 때는 최후의 수단을 써서 일방적으로 조선에 대해서는 보호권이 확립되었음을 통고하고, 열국에 대해서는 제국 정부가 이와 같은 조치를 취하지 않을 수 없었던 이유를 설명하고, 아울러 조선과 열국과의 조약을 유지하고 조선에 있어서 열국의 상공업상의 이익은 이를 상해치 않는다는 뜻을 선언할 것.[23]

'을사늑약' 저지에 노력했으나

일본 정계의 노회한 요물이라 불리는 이토 히로부미가 조선 병탄의 야욕을 품고 일왕의 특파대신 자격으로 서울에 온 것은 1905년 11월 8일이다. 1904년 3월에 이어 두 번째 방한이다. 그는 광무황제를 고압적으로 알현한 데 이어 그동안 하야시 공사와 하세가와 조선주차군 사령관 등이 뇌물과 겁박으로 공작해온 각부 대신들을 만나 조약체결을 서둘렀다. 11월 10일경 하야시를 통해 박제순에게 4개조의 조약문을 넘겨주었다.

동년 11월 14일, 외부대신 박제순이 일본 영사관으로부터 이른바 을사조약이라는 「4개조의 초안」을 가지고 와서 이것을 토의하게 되었다.

선생은 도중에 엄숙히 입을 열어 다음과 같이, 을사조약에 반대할 것을 촉구했다.

이 조약은 우리 국가의 주권을 없애는 것이니 망국멸족亡國滅族의 장본이요 큰 화禍가 장차 닥쳐올 것이니 외부대신으로서는 마땅히 결사적으로 이를 반대하여 국시國是를 엄히 지켜야 할 것이오. 만약에 일시적인 자신의 이해관계를 고려하여 국가 대사를 그르친다면 이는 만세의 죄역罪逆이 될 것이 아니오![24]

---

23   김삼웅, 『을사늑약 1905: 그 끝나지 않은 백년』(시대의 창, 2005), 27~28쪽.

24   박창화, 앞의 책, 30쪽.

이시영이 박제순에게 "망국멸족의 장본"이라 질타하며, 이를 막고자 했던 「4개조의 초안」은 다음과 같다.

① 일본국 정부는 재동경 외무성을 거쳐 금후 대한제국의 외국에 대한 관계 및 사무를 완전히 스스로 감리 지휘하며 일본국의 외교 대표자 및 영사는 외국에 있는 대한제국의 신민 및 이익을 보호해야 한다.

② 일본국 정부는 대한제국과 타국과의 사이에 현존하는 조약의 실행을 온전히 할 의무를 지며 대한제국 정부는 금후 일본국 정부의 중계를 거쳐서 국제적 성질을 가지는 하등의 조약 혹은 약속을 할 것을 약約한다.

③ 일본국 정부는 그 대표자로서 대한제국 황제폐하의 궐하에 1명의 통감을 두고 통감은 경성(서울)에 주재하여 친히 대한제국 황제폐하를 내알할 권리를 가진다. 일본국 정부는 또 대한제국의 각 개항장 및 기타 일본국 정부가 필요하다고 인정하는 곳에 이사관을 두는 권리를 가진다. 이사관은 통감의 지휘 아래 대한제국 주재 일본 영사에 속하는 일체의 직권을 집행하고 아울러 본 협약의 조관을 완전히 실행하기 위해서 필요한 일체의 사무를 장리掌理한다.

④ 일본국과 대한제국 사이에 현존하는 조약 및 약속은 본 협약의 조관에 저촉되지 않는 한 모두 그 효력을 계속하는 것으로 한다.[25]

박제순은 천성이 간악한 인물인 데다 이미 일본 측과 밀통이 되어 있어

---

25 김삼웅, 앞의 책, 78쪽.

서 이시영을 의도적으로 피했다. 이시영은 사람을 시켜 총리대신 한규설의 의사를 알아보도록 했으나 이것도 여의치 않았다. 저녁에 일본 헌병이 포위하고 있는 외부로 나가 전화로 박제순과 연결되었다.

"국권國權에 손상이 없도록 개정改定되었소."

"개정한 신안新案을 말해 보시오."

"전화로 일일이 말할 수 없소. 내가 거짓말을 할 리 있겠소."

전화로 박제순과 통화하는 도중 자신이 잠깐 정신을 잃은 것도 알지 못하다가 박제순의 "거짓말을 할 리 없다"라는 말에 정신이 좀 소생된 줄을 깨닫게 되었다고 한다.

선생은 18일에야 박제순을 면대하게 되었다. 일본인들의 강압에 못 이겨 할 수 없이 조약에 조인한 것이라고는 하지만, 박제순의 하늘에 가득 찬 대죄大罪는 국가와 민족에 대한 반역이었다. 선생은 이미 체결되었다는 소위 조약 전문에 대하여 박제순을 통렬히 매도했다. "주권에 손상이 없도록 했다는 것이 이것이오?" 박제순은 벙어리처럼 잠시 아무 말도 못 하고 앉아 있다가 입을 열었다.

"그대로 구소口疏나 성토聲討를 하시오."

이 말은 일찍이 선생의 대인大人 찬성공贊成公께서 박제순의 죄를 탄핵한 일이 있었는데, 그 상소 중에 '참수斬首'란 두 글자가 있었던 것을 지적한 말이다.[26]

---

26   박창화, 앞의 책, 31~32쪽.

인용문의 '대인 찬성공'이란 이시영의 아버지 이유승을 말한다. 을사늑약에 대한 교섭국장 이시영의 저지 노력에도 불구하고, 11월 18일 새벽 2시 반경 외부대신 박제순과 일본공사 하야시가 초안에서 다소 변경된 늑약 문서에 서명을 하기에 이르렀다.

을사늑약은 무능한 광무황제(고종)와 유약한 총리대신 한규설, 특히 을사늑약에 서명하여 '을사5적'이라 불리는 외부대신 박제순, 내부대신 이지용, 군부대신 이근택, 학부대신 이완용, 농상공부대신 권중현의 배족매국 행위로 체결되었다. 조약문은 외교권의 박탈이 핵심이지만, 이로써 대한제국(조선)의 국권이 일제로 넘겨지는 사실상 망국조약이다.

을사늑약이 불법인 것은 ① 무장병력으로 궁궐을 포위하고 황제와 대신들을 협박한 상태에서, ② 외부대신의 관인을 이토의 통역관을 지낸 마에마 교사쿠가 훔쳐다 날인하고, ③ 황제의 조약체결 위임장이 없으며, ④ 조약문에 명칭도 없는 등 '원천무효'이지만, 일제는 무력으로 밀어붙이고 대한제국의 외교권을 강탈했다.

이시영은 이 같은 사태에 통절한 비애를 느끼면서 교섭국장을 사직했다. 박제순에게 얼마나 분개했던지 조카와 박제순의 딸이 혼약한 것을 파혼시키고 그와는 절교를 선언했다.

평남 관찰사로 민정 살펴

일제는 1905년 12월 20일에 일본칙령 제267호로 「통감부 및 이사청 관제」를 공포하여, 주한 일본공사관을 1906년 1월 31일 자로 폐쇄하고 2월

1일 서울에 통감부를 설치했다. 대한제국 황제는 허수아비가 되고 통감이 실권을 장악하게 되었다.

통감부 및 이사청 관제에 따른 통감의 권한은 다음과 같다.

① 대한제국에서 제국帝國을 대표하여 외국 영사관 및 외국인에 관한 사무를 통할하고 아울러 대한제국의 시정사무로 외국인과 관계되는 것을 감독한다.

② 조약에 의거하여 대한제국에서의 제국 관청 및 공서公署가 시행해야 할 정무를 감독하고 기타 제국 관헌에 속하는 일체의 사무를 감독한다.

③ 대한제국의 안녕 유지에 필요하다고 인정되면 대한제국 수비대 사령관에게 병력의 사용을 명령할 수 있다.

④ 대한제국 시정에 관하여 조약에 근거하여 정무를 이행할 필요가 있는 것은 대한제국 정부에 이첩하여 시행을 촉구하고 후에 대한제국 정부로부터 통고를 받는다.

⑤ 제국 관리 등에 대한 대한제국 정부의 용빙과 피용자를 감독한다.

⑥ 통감부령을 발하여 금고 1년 이하, 벌금 200원 이내의 형벌을 부과할 수 있다.

⑦ 소속 관청의 명령 또는 처분이 조약 또는 법령에 위반하여 공익을 해치거나 권한을 넘어섰다고 인정되면 이를 정지 또는 취소할 수 있다.

⑧ 소속 관리를 감독하고 주임관의 임면은 내각 총리대신을 경유하여 상주하고 판임관 이하의 임면은 단독으로 하고 소속 관리의 서위, 서훈을 상주한다.[27]

중국 당나라 문인 두보杜甫의 시 「춘망春望」에 '국파산하재國破山河在'라
는 구절이 있다. "나라는 깨졌어도 산하는 의연하다"라는 뜻이다.

나라는 깨졌어도 산하는 의연해

성 안에 봄이 오자 초목은 흐드러지네.

때를 느낀 듯 꽃은 망울져 피고

이별이 서러워 새는 놀란 듯 운다.

봉홧불은 석 달 동안 연이어지고

집안 편지는 만금으로도 볼 길 없구나.

흰 머리 자주 쓸어 더욱 짧아지니

쓸어 묶으려도 비녀질조차 안 되네.[28]

이시영은 통분하지 않을 수 없었다. 흉사는 겹친다고 했던가, 1906년
부친이 별세했다. 집안의 큰 기둥이며 자식들의 스승이기도 했던 아버지
였다. 이에 앞서 1899년에는 자애 깊었던 어머니를 잃고, 1895년에는 아
내의 상배를 당했다. 그리고 장인의 참변도 겪었다.

이시영이 국난과 가족사의 아픔으로 시름할 때(1906년 가을) 고종황제

---

27 한국법제연구원 편, 『통감부법령체계분석』, 김삼웅, 앞의 책, 26~27쪽.

28 國破山河在(국파산하재) 城春草木深(성춘초목심)
感時花濺淚(감시화천루) 恨別鳥驚心(한별조경심)
烽火連三月(봉화연삼월) 家書抵萬金(가서저만금)
白頭搔更短(백두소갱단) 渾欲不勝簪(혼욕불승잠)

로부터 평안남도 관찰사에 제수한다는 칙명이 내렸다. 그는 기복행공起復
行公을 들어 관직에 나갈 수 없다고 사양했다. 국난기가 아니면 부모의 상
중에는 관직에 나아가지 않는다는 관례를 든 것이다. 그러자 국왕의 재차
칙명이 내렸다. 나라 일이 심히 어려운데 언제까지 몸을 사리고 있겠느냐
는 비답批答이었다. 군명君命을 어길 수 없어 37세의 나이로 평안남도 관
찰사로 부임했다. 오랫동안 중앙의 관계에서 일하다 처음으로 지방행정
을 맡게 되어 이참에 지방행정이라도 바로잡아 민력民力을 키워보자는 생
각이 따랐다.

선생이 37세의 젊은 나이로 평남 관찰사로 부임해보니 전임 관찰사가 무
능하여 민형사民刑事 사건의 재판권을 일본인에게 박탈당하고 있는 상태였
다. 선생은 이에 강경히 반대하고 나서서 재판권을 되찾았다. 또 평남의 명
사 박인옥, 최광옥 두 사람을 막료로 삼아 정무政務를 자문하여 바른 정사를
펴기에 진력하고, 유지 50명을 선발하여 학무위원學務委員으로 삼은 다음,
관하 24개 군에 공사재公私財를 수집하여 각 고을마다 교육기관을 창설하고
적극적으로 학업을 장려했다.
국가의 장래는 교육 사업에 크게 좌우된다는 것을 절감했기 때문이다. 그
래서 수령들의 성적을 고사考査함에도 학제學制가 잘되고 못됨을 표준으로
삼고, 이 취지를 공문으로 시달했다.[29]

29　박창화, 앞의 책, 32~33쪽.

국난기이기는 했으나 지방행정은 부패와 문란상태가 말이 아니었다. 아직 대한제국의 재판권이 일제에 넘어가기 전인데, 주민들의 재판을 일인들이 맡고 있었다. 이시영은 이것부터 바로잡고 교육개혁에 나섰다.

선생이 평남 관찰사로 부임하자마자 교육 방면에 각별히 힘쓰고 신학문의 기운을 진작시키자, 반년이 지나지 않아 평남 일대는 각 지방마다 학교가 설립되고 학생들의 글읽는 소리가 서로 연닿게 되었다. 전도全道에 학생 대회가 계속 개최되고, 수많은 군중이 구름처럼 모여들어 시국 강연회가 벌어졌다.

각 학교 교기가 힘차게 휘날리는 가운데 연단에 오른 연사들은 제각기 우국의 열변을 토했다. 대중의 의분은 고조되고 애국 충정이 흥분되어 배일사상이 극도로 고동쳤다. 바야흐로 국권을 만회코자 하는 기세가 비등沸騰하니, 이것을 본 일본인들이 가만히 있을 리 없었다.

일본인의 주목을 받은 선생은 그네들의 농간으로 결국 이듬해에 관찰사 직에서 물러나게 되고 말았다. 그러나 어전회의에서 평남 관찰사의 업적을 들으신 황제로부터 선생을 상찬하는 말씀이 누차 있었다.[30]

---

30 앞과 같음.

제3장

신민회 참여, 망국 겪으며

형과 함께 신민회 등 구국운동

강도적 수법으로 을사늑약을 '체결'하여 대한제국의 외교권을 강탈한 일제는 헤이그특사 사건을 트집 잡아 고종에게 퇴위를 강요, 1907년 7월 20일 순종이 즉위했다. 이어서 한일신협약(정미 7조약)을 통해 신문지법을 제정하여 신문 발행 허가제와 신문 기사의 사전 검열을 시행하고 항일운동 탄압을 목적으로 보안법을 제정한 데 이어 군대를 해산시켰다. 하나같이 조선인의 입과 손발을 묶는 조처들이다.

고종황제는 비록 망국의 군주가 되었지만 이시영과는 군신관계 이상의 돈독한 사이였다. 젊은 그에게 아들인 왕세자의 교육을 맡겼고, 청일전쟁 시기에는 관전사의 직무를, 그리고 외부 교섭국장에 이어 평남 관찰사의 중책을 맡겼다. 시대의 불운으로 모든 것이 수포로 돌아가고 말았지만, 이시영의 고종 황제와 대한제국에 대한 충성심은 변하지 않았다.

이시영이 여러 가지 관직을 맡아 기우는 나라의 작은 버팀목 역할이라도 하고 있을 즈음 넷째 형 이회영은 다른 각도에서 구국운동을 벌였다.

이시영과 이회영은 혈육 간이면서 구국운동의 동지이기도 하다. 이회영
의 생각과 행동이 이시영에게 이어지고 함께 활동했기 때문이다. 이 시기
이회영의 행적이다.

1906년(39세) 이상설, 장유순, 유완무 등과 만주에 독립운동 기지의 설치
를 계획하고, 만주 용정촌의 서전서숙瑞甸書塾 설립에 참여함.

1907년(40세) 서울 상동교회 부설 상동학원 학감으로 취임. 헤이그 만국
평화회의에 특사를 파견할 것을 고종에게 건의, 백지위임 밀지(대한제국 황
제 신임장 및 친서)를 궁내부대신 조정구 및 내시 안호형을 통하여 받아 블
라디보스토크에 망명 중인 이상설에게 전달함. 이에 이준, 이위종 등이 합류
하여 헤이그 만국평화회의장까지 갔으나 일본의 방해로 회의 참석에는 실
패, 이상설은 언론에 일본이 강제로 체결한 을사늑약의 무효성명을 냄. 이준
사망 소식이 전해지자 상동학원을 중심으로 추모하고 이준의 죽음을 할복
자결로 공표하여 국민감정을 분기함. 이를 계기로 상동학원을 거점으로 이
동녕, 전덕기, 양기탁, 이관직, 김진호 등이 발기하여 최초의 독립운동 비밀
결사체인 신민회 조직함.

1908년(41세) 블라디보스토크로 이상설을 찾아가 다음 단계 독립운동 방
략을 논의하여 우선 후진의 실력배양에 힘쓰기로 하고 귀국하자마자 이듬
해까지에 걸쳐 전국 각지에 교사 파견(평양 대성학원에 김사열, 정주 오산
학교에 이강연, 안동 협동학교에 이관직, 상동학원에 여준을 각각 추천 파견
함), 10월 18일 서울 상동교회에서 이은숙과 한국 최초의 신식 결혼식을 올
림(이회영은 1885년 달성 서씨와 혼인하여 슬하에 3남매를 두었으나 1907

년 사별하고 재혼한 것임).[31]

이회영 등이 중심이 되어 설립한 신민회에는 이시영도 참여하고, 이들이 근왕주의에서 공화주의로 바뀌는 계기가 되었으므로, 좀 더 부연설명이 필요하겠다.

[이회영은] 1907년 4월 상동교회의 청년학원 학감으로 근무하면서 이 학교 교사 전덕기, 김진호, 이용태, 이동녕과 함께 비밀 독립운동 단체 신민회를 처음으로 발기했다. 신민회에는 신채호, 노백린, 안창호, 이동휘, 양기탁, 이갑, 조성환 등 쟁쟁한 독립운동가들이 참여하여 비밀결사로서 정치, 교육, 문화, 경제 등 각 방면의 진흥을 일으켜 국력을 기르는 데 목적을 두었다. 임원단으로 총감독 양기탁, 총서기 이동휘, 재무 전덕기가 선출되고, 회원으로는 애국심이 강하고 헌신적이며 자기의 생명과 재산을 신민회의 명령에 따라 바칠 수 있는 사람에 한해 엄격한 심사를 거쳐 입회시켰다.[32]

800여 명의 회원을 확보한 신민회는 평양에 대성학교, 정주에 오산학교를 설립하여 인재를 양성하는 한편 기관지로 ≪대한매일신보≫를 발행하고, 평양과 대구에 태극서관을 설립하는 등 문화사업을 추진했다. 신민회

---

31 김삼웅, 『이회영 평전』, 「이회영 연보」(책보세, 2011), 386~387쪽.
32 이은숙, 『가슴에 품은 뜻 하늘에 사무쳐 - 이은숙 자서전』(인물연구소, 1981), 43쪽.

의 궁극적 목적은 국권을 회복하여 자주독립 국가를 세우고 공화정체로 하는 것이었다.

신민회는 우리나라 최초로 왕조적인 신민臣民에서 근대적인 시민市民으로 가는 징검다리 역할을 한 진보지식인들의 결사체였다. 여기에는 양명학의 세례를 받은 이시영의 참여도 크게 기여했을 것이다.

신민회가 자신들의 이념적 목표를 입헌군주제가 아닌 공화정체로 삼은 것은 혁명적인 전환이었다. 독립협회 때는 입헌군주제를 주창하고, 만민공동회에서 소수 청년 연사들이 공화제를 주장하기는 했으나, 본격적으로 공화정체를 내세운 단체는 신민회가 처음이었다.

신민회의 조직은 도산 안창호가 주도한 것으로 알려졌지만, 이회영 등 상동교회 출신들의 역할이 많았다. 안창호는 1907년 1월 20일경 샌프란시스코를 출발하여 도쿄를 거쳐 1907년 2월 20일 서울에 도착했다. 귀국한 지 한 달여 만에 당시의 상황에서 전국 유력인사들을 망라하는 거대한 단체를 조직하기란 쉽지 않은 일이었다. 이회영 등의 상동교회 팀과 ≪대한매일신보≫의 양기탁, 신채호 등이 주도하고, 갓 귀국한 안창호도 일역을 담당했을 것이다.[33]

신민회의 발족 한 해 뒤인 1908년 상동교회에서 이회영과 결혼한 이은숙의 자서전에도 신민회가 상동교회의 5인에 의해서 결성되었음을 증언

---

33 앞의 책, 48~49쪽.

한다. 이회영은 명문가의 출신으로 근왕주의자였다. 양명학을 탐구했으나 여전히 조선왕조를 군권과 동일체로 인식하면서 국권회복 운동에 정진했다. 그러다가 상동교회와 신민회 운동을 하면서 공화정체로 바뀌었다. 일부의 복벽復辟 운동에도 그는 끝까지 공화주의자가 되었다.

이시영은 순종이 즉위하면서 다시 칙명을 받았다. 순종과는 군신관계이면서 사제 간이었다. 순종은 1907년에 그를 중추원 칙임의관勅任議官으로, 이듬해에는 한성재판소장漢城裁判所長, 법부法部 민사국장民事局長, 고등재판소 판사로 임명했다. 1909년에는 태극팔괘장太極八卦章 훈삼등勳三等을 내리고 아울러 법전조사法典調査와 문관 전고銓考 및 법률기초法律起草 등의 위원을 겸하도록 했다.

순종은 이시영의 능력과 애국충군 정신을 알고 있었기에 기울어져 가는 왕조의 버팀목으로 그를 다시 불렀다. 이시영은 조정에 나가는 한편 형이 하는 신민회 활동에도 적극 참여하고, 일본 측의 각종 정보를 활용했다.

나라가 어려울 때이면 매국노가 활개를 친다. 일진회를 이끌며 매국에 앞장선 이용구와 송병준이 1909년 12월 4일에 「통감에게 올리는 합방청원서」, 「대한제국 황제에게 올리는 합방상주문」, 「총리 이완용에게 올리는 합방청원서」를 보냈다. 일제의 공작에 놀아난 매국행위였다.

대한제국, 일제에 병탄되는 아픔 겪어

이토 히로부미가 조선에 이어 중국 대륙을 넘보며 통감직을 물러난 뒤 중국 하얼빈에서 안중근 의사의 총탄에 맞아 죽고, 악질군인 출신 데라우치가 일본에서 '합방조약문'을 휴대하고 한국으로 와서 2대 조선통감이 되었다. 그리하여 한국 병탄을 서두르고, 이완용 내각을 세워 각종 흉계를 꾸몄다.

1910년 8월 22일 '합병7적'이 된 총리 이완용, 내부대신 박제순, 탁지부대신 고영희, 농상공부대신 민병석, 시종원경 윤덕영, 중추원 의장 김윤식이 서명한 합병조약이 체결되고 조선왕조는 27대 519년 만에 막을 내렸다. 병탄 사실은 8월 29일에 공표되었다. 조선의 4000년 역사, 3000리 강토, 2000만 민족이 일제의 군홧발에 짓밟히고 식민지 백성이 되었다.

국치에 앞서 이회영은 1908년 여름 신민회의 결의에 따라 해외 독립운동 기지 설치 현장을 탐색하기 위해 비밀리에 러시아령 블라디보스토크로 건너갔다. 그곳에서 헤이그 특사 사건으로 귀국하지 못한 채 망명생활을 하고 있던 이상설과 만났다. 그는 이승희 등과 함께 만주와 러시아의 접경지대에 있는 밀산에 토지를 사들여 독립운동 기지를 준비하고 있었다. 이회영은 여러 곳을 돌아보고 1910년 3월에 귀국했다.

그리고 8월 초 이번에는 이동녕, 장유순, 이관직과 함께 상인으로 위장하고 초산진을 거쳐 압록강을 건넜다. 대가족과 함께 망명할 지역을 찾고자 하는 밀행이었다.

보름간의 서간도 답사를 마치고 귀국했을 때 조국은 이미 국치를 당했다. 일제는 병탄과 동시에 한韓이라는 국호를 폐지하고 통감부 대신 총독부를 설치, 초대 총독에 데라우치를 임명했다.

매국과 병탄에 공이 큰 을사5적, 경술7적 등 매국노와 왕족 76명에게 작위와 막대한 은사금을 안겨주었다(왕족 4명은 반납). 이회영은 몰라도 이시영은 다른 대한제국 고위직들처럼 일제에 협력했으면 작위와 은사금을 챙겼을 것이다.

안중근 의거로 이토가 처단된 뒤 안창호, 이동휘, 이종호 등이 이에 연루되었다는 혐의로 구속되면서 신민회 활동도 어렵게 되었다. 양명학은 비애나 좌절 대신 행동과 실천을 요구하는 학문이다. 국치의 해 12월 어느 날 이시영의 6형제가 한자리에 모였다. 이회영이 두 차례 만주를 다녀온 뒤 국내외 정세와 향후 거취를 의논하고자 해서 만든 자리였다.

슬프다! 세상 사람들은 우리 가족에 대하여 말하기를 대한공신의 후예라 하며, 국은國恩과 세덕勢德이 당대의 으뜸이라 한다. 그러므로 우리 형제는 나라와 더불어 안락과 근심을 같이 할 위치에 있다. 지금 한일합병의 괴변으로 인하여 한반도의 산하가 왜적의 것이 되고 말았다. 우리 형제가 당당한 호족의 명문으로서 차라리 대의가 있는 곳에 죽을지언정, 왜적 치하에서 노예가 되어 생명을 구차히 도모한다면 이는 어찌 짐승과 다르겠는가?

이제 우리 형제는 당연히 생사를 돌보지 않고 처자노유妻子老幼를 인솔하고 중국으로 망명하여 차라리 중국인이 되는 것이 좋겠다고 생각한다. 또 나는 동지들과 상의하여 근역槿域에서 하던 모든 활동을 만주로 옮겨 실천하려 한다.

만일 뒷날에 행운이 있어 왜적을 부숴 멸망시키고 조국을 다시 찾으면, 이것이 대한민족된 신분이요, 또 왜적과 혈투하시던 백사공白沙公(이항복)의 후손된 도리라고 생각한다. 여러 형님 아우님들은 나의 뜻을 따라주기를 바라노라.[34]

아무리 동복형제라도 이미 분가하여 가정을 갖고 있는 40~50대 중년들이 해외로 이주한다는 것은 말처럼 쉬운 일이 아니었다. 그것도 독립운동을 하고자 산 설고 물 설은 땅 만주로 떠나는 망명길은 생명을 담보로 하는 결정이었다.

형제들은 쉽게 뜻을 모았다. 누구 하나 이의하거나 토를 다는 사람이 없었다. 특히 둘째 형 이석영이 결연한 의지를 보였다. 이미 그는 영의정을 지낸 이유원의 양자로 입양되었는데도 형제들과 행동을 같이 하겠다고 나섰다. 이석영은 경기도 포천 등지에 있는 1만여 석의 논밭과 고래 등 같은 저택을 팔아 형제들의 독립운동에 투척했다. 6형제는 비밀리에 모든 재산을 처분했다. 갑자기 정리하느라 제값을 받지도 못했을 것이다.

이들 일가가 전 재산을 팔아 만든 돈이 약 40만 원이었다. 당시 쌀 한 섬이 3원 정도였으니, 40만 원이면 아주 큰돈이다. 현재의 쌀값으로 환산하면 600억 원, 황소 값으로 치면 1만 3000두 값이다.

재산을 정리한 일족은 출국에 앞서 그동안 거느리고 있던 머슴과 하녀 등을 집에 돌아가도록 했다. 하지만 20여 명이 떠나지 않고 이시영 일족과 행동을 함께했다. 그래서 6형제 가족 40여 명과 이들 20여 명, 도합 60여 명이 1910년 12월 하순 살을 에는 추위 속에 서울을 떠났다.

---

34   이관직, 『우당 이회영 실기』(을유문화사, 1985), 145~146쪽.

제4장

6형제 함께 망명, 삼원보에 터 잡아

삼원보 추가가 마을에 도착했으나

망명亡命이란 글자 그대로 생명을 내놓는 일이다. 1910년 나라를 빼앗긴 후 심장이 뜨거운 사람들이 속속 나라를 떠났다. 베트남이나 인도 등의 식민지 백성들은 제 나라에서 독립운동을 할 수 있었지만, 조선의 경우는 달랐다. 그만큼 일제의 탄압이 극심했기 때문이다.

이시영은 41세에 일가와 함께 망명길에 올랐다. 그리고 이역에서 독립운동을 하다가 1945년 76세의 노구를 이끌고 환국할 때까지 장장 35년이 걸렸다.

남대문을 나설 때 다짐했다. "내가 이 문으로 다시 돌아올 날이 없다면 자손이라도 들어올 날은 있을 것이다. 내가 이 문을 나선 시간으로부터 별별 고초와 역경을 당하더라도 원천우인怨天尤人(하늘을 원망하고 사람을 탓함)은 아니하리라."[35]

이들 형제와 독립운동을 함께했던 우관 이정규의 기록이다.

　신의주에서 동지 이선구 씨의 안내로 동지 경영의 여관에서 일박하고 이
튿날 첫새벽에 적의 감시선을 피하여 60여의 일족노유一族老幼가 얼음을 타
고 가위 십전구도十顚九倒하면서 다행히 안동현安東縣에 안착하니 앞길의 고
난과 위험이 비록 백배일지라도 적의 호구虎口를 벗어나니 가위 광명천지가
열린 듯한 감이 새로웠다.

　선생은 중국 동지가 경영하는 동취잔東聚棧에서 전 가족과 일박하고 이튿
날 아침 회인현 황도촌을 향하여 출발했다. 빙설산야로氷雪山野路를 450리
구치驅馳하자 살을 에어내는 설한풍에 헌헌장부도 그 고초를 감내키 어렵겠
거든 황차 노유老幼 부녀들에게랴?

　고난 10여 일의 여행이 끝나고 황도촌에 도착하여 과동過冬하게 되니 수
간數間 토실土室에 그 정경은 참으로 전일의 부귀쌍전한 호화생활이 일장춘
몽화하고 몰락유리의 처참 그대로였다.[36]

　힘든 길이었다. 누구에게나 망명이 험난하겠지만, 이들 일가의 망명길
은 고난에 고통의 연속이었다. 계절은 대륙풍이 휘몰아치는 12월 말, 10대
의 어린이부터 60대의 중늙은이까지 낀 행렬이다. 이회영의 부인 이은숙
의 회고다.

35　박창화, 앞의 책, 42쪽.
36　이정규, 『우관문존(又觀文存)』(국민문화연구소 출판부, 2014), 46~47쪽.

갈수록 첩첩산중에 천봉만학千峯萬壑은 하늘에 닿을 것 같고, 기암괴석 봉봉의 칼날 같은 사이에 쌓이고 쌓인 백설은 은세계를 이루었다. 험준한 준령이 아니면 강판 얼음이 바위같이 깔린 데를 마차가 어쩌나 기차같이 빠른지, 그 중에 채찍을 치면 더욱 화살같이 간다.

7, 8일 만에 황도촌에 도착하여 시량柴糧은 넉넉하나, 5간방자五間房子에 60명 권속이 한데 모여 날마다 큰 잔칫집같이 수런수런 수란愁亂하게 며칠을 지냈다.[37]

이시영 일가가 천신만고 끝에 황도촌을 떠나 500리가 넘는 유하현 삼원보를 거쳐 최종 목적지 추가가鄒家街 마을에 도착한 것은 이듬해 2월 초순, 서울을 떠난 지 한 달여 만이다.

일가가 이곳을 정착지로 정한 것은 지난해 여름 이회영이 사전에 답사하여 보아둔 터였기 때문이다. 지세가 험준하여 일제의 손길이 미치기 쉽지 않아서 군사기지를 마련하기에 적지라고 판단했다. 하지만 만주의 겨울 추위는 예상을 초월했고, 음식은 거칠기 그지없었다. 난관은 이런 환경만이 아니었다.

토착 주민들이 중국 지방 경찰에 일본 앞잡이들이라고 발고한 나머지 경찰 수백 명이 출동하여 짐을 샅샅이 수색했다. 토착민들은 그동안 고려인들이 건너올 때는 남부여대로 초라하게 와서 정착했는데, 이번에는 수십 명이 말과 마차를 타고 온 것을 수상하게 여긴 것이다.

---

37   이은숙, 『가슴에 품은 뜻 하늘에 사무쳐 · 이은숙 자서전』, 43쪽.

급기야 그들은 부락민끼리 연통하여 십가장十家長 회의를 열었다. 그러더니 그 규모가 커져 백가장百家長 회의가 열리고 드디어 천가장千家長 회의로까지 확대되어 대책을 마련하기에 이르렀다.

토착민들은 왈가왈부 끝에 다음과 같은 결론을 얻은 듯했다.

"우리가 저 사람들의 입주入住를 거부할 권리도 없거니와 설령 축출하려 한들 살러 들어온 사람들이 순순히 나갈 리도 만무하다. 그러니 우리가 물자를 동결하여 자구책을 강구하는 수밖에 없다."

그들의 회의 결론도 무리는 아니었다.

하루는 상인에게 양곡을 구입하려고 사람을 보내자 양곡이 없다면서 팔기를 거부했다. 양곡뿐만 아니라, 우리 교포들이 다른 일용 잡화를 사러 가도 그들은 이구동성으로 다 팔리고 없다고 하는 것이었다. (……) 사고무친에 물자조차 구할 수 없으니 당황하여 어찌할 바를 몰랐다.[38]

중국 경찰이나 토착민들과의 대화는 한문에 능한 이시영의 필담으로 이루어졌다. 추위와 살림의 곤궁, 주민들의 텃세까지 겹쳐 힘겨운 망명생활이 시작되었다. 이시영은 1895년 김홍집의 딸인 첫 부인과 사별하고, 1903년 박씨 부인과 재혼한 상태였다.

---

38 박창화, 앞의 책, 43~44쪽.

중국인 창고 빌려 민족교육

이시영 일족이 정착한 추가가는 추씨 성을 가진 사람들이 한데 모여 사는 마을로서, 일제의 감시를 피해 독립군 기지를 만들기에는 천혜의 지역이었다.

이곳의 지형은 서쪽에는 남산藍山이 하늘 높이 솟아 있고 북은 왕클령이라는 험한 준령이 가로막고 있으며, 또 동남방으로는 삼원보三源堡라는 작은 시가 있었는데, 그 앞에는 유하현에서 통화현으로 통하는 간선도로가 있는, 개척되지 않은 산골짜기였다. 이곳은 그야말로 첩첩산중이라 농사라고는 옥수수, 감자, 좁쌀뿐이었고, 쌀을 구하자면 수백 리를 걸어 나가야 할 정도였다.[39]

이시영 일가가 모든 기득권을 포기하고 만주로 망명한 것은 단순히 '식민지 노예'를 피하기 위한 것만이 아니었다. 청년들에게 민족의식을 고양시키고 양병하여 국권을 회복하려는 의도였다. 1911년 봄 어느 날 이시영은 마을 변두리의 빈 창고를 발견하고, 이를 고쳐 조카들과 이주 한인 청소년들의 교육장으로 활용하고자 했다. 며칠 뒤 마을 유지들이 이시영을 찾아왔다.

---

39   이은숙, 『서간도 시종기』(일조각, 2017), 19~20쪽.

그들 가운데 우두머리인 듯한 사람이 말했다.

"이 집은 너무 퇴락하고 누추하여 조그만 풍우風雨에도 쓰러질 위험이 있습니다. 저쪽에, 동네 옥수수를 저장해 두었다가 지금은 비어 있는 창고가 있는데 이곳보다는 훨씬 넓고 건물도 비교적 성합니다. 그리로 옮겨 아동들을 가르치심이 어떠실까요?"

이 말을 듣자 선생은 난처한 듯이 입을 열었다.

"우리가 귀지貴地에 와서 여러 가지로 폐를 끼쳐드리고 있는 것도 미안한데, 그처럼 염려해 주시니 감사한 마음 이루 다 형언할 수 없습니다. 하지만 창고를 빌려 주신다면 응당 세를 내야 할 텐데 우리 형편이 그럴 정도가 못 됩니다."

그러자 그들은 손을 저으며 말하는 것이었다.

"아니올시다. 세 걱정은 조금도 마시고 그 창고를 쓰십시오."

그들의 호의를 고맙게 여긴 선생은 감사하다는 인사를 하고 안내해 준 그 창고로 즉시 이전했다. 아쉬운 대로 쓸 만한 건물이었다.[40]

대하장강도 처음에는 작은 개울에서 시작한다. 우리나라 무장독립운동의 중심축이 된 신흥무관학교는 이렇게 시작되었다. 토착 주민들의 호의로 장소를 마련하여 아동들에게 기초교육을 시키고, 청년들에게는 군사훈련을 겸했다.

어느 것 하나 쉬운 일이 없었다. 의식주에서부터 일상의 모든 것이 어

---

40 박창화, 앞의 책, 45쪽.

려웠다. 이런 상태에서 시작한 청소년 교육이 어려운 것은 당연했다.

이역의 악조건 속에서 갖은 풍상을 겪으며 이만한 사업을 계속 운영하기란 쉬운 일이 아니었다. 물질적인 방면의 애로도 이루 말할 수 없을 정도로 우심하거니와 기후도 매우 불순했다. 절기로 보아 봄과 여름에는 그래도 지내기가 좀 나았다. 동절이 되면 평균 영하 20, 30도의 극한極寒에 시달려야 했다. 밥을 지어 놓으면 금세 얼어버리는 형편이었다. 새벽부터 불을 때어 물을 끓여서 밥을 지어 여러 식구들을 먹이고 돌아서서는 바로 그 솥에 또 밥을 지어야만 했다.[41]

손에 물 한 방울 묻히지 않고 살아왔던 대갓집의 딸들이 이씨 집에 시집와서 '남편 잘못 만나' 겪은 고초는 이만저만이 아니었다.

식사 공궤供饋를 하기만도 바쁜 데다가, 훈련 장정들이 종일 구보驅步를 하고 나면 새 버선이라도 하루 만에 해어져 신을 수 없게 되니, 밤이면 희미한 등잔불 아래서 해어진 그 의복 등속과 장비를 기워대야 했다. 쉬기는커녕 눈을 붙일 여가도 없었다. 영양이 극도로 실조 상태인 데다 수면 부족과 과로가 겹쳐 우환질고가 끊일 날이 없었다.[42]

---

41 앞의 책, 46쪽.
42 앞의 책, 46~47쪽.

이시영 일족이 감쪽같이 사라진 사실을 뒤늦게 안 총독부 경무국은 난리법석을 피우고, 국내의 연고자를 추적하느라 눈이 벌게졌다. 국내에 남은 신민회 간부들이 뒷조사를 당하기도 했다. 이로 인해 망명 사실이 널리 알려지게 되었다.

탈출하기 전에 미리 논의되었던 이동녕, 이상룡, 김동삼, 주진수, 윤기섭, 김창환 등 민족주의자들이 이런 저런 연비를 통해 1911년 봄에 추가가로 모여들었다. 그리고 밤을 새워 의논했다. 빼앗긴 국권을 되찾기 위해 무엇을 할 것인가.

민단자치기관으로 경학사 설립

1911년 4월 어느 날 삼원보 대보산에 30여 명의 한인이 모였다. 이시영 6형제를 비롯하여 이상룡, 김동삼, 이동녕, 장유순, 유인식 등이 회집하여 민단자치기관의 성격을 띤 경학사耕學社를 설립하기로 결정했다. 경학사라 이름 지은 것은 처음부터 외국 땅에서 군사조직의 단체를 만들기 어려운 한계 때문이었다. 목표는 고려와 조선시대에 있었던 일종의 둔전屯田처럼 농사일을 하면서 유사시 병사가 되는 제도에서 기원하는 교육기관이다. 경학사 사장에는 이상룡, 내무부장 이회영, 농무부장 장유순, 재무부장 이동녕, 교무부장 유인식이 선임되었다. 이날 채택한 「경학사 취지문」이다.

경학사의 경은 인명을 보활保活할 뿐만이 아니라, 동시에 민지民智를 계발한다는 뜻으로, 경耕과 공상工商은 비록 다르지만 전체적으로 볼 때 이는 모두 실업에 속하는 말이다. 이것은 바로 체력과 덕력德力을 겸비한다는 것으로 이것이 자연히 교육의 과조科條가 되는 것이다. 이렇게 하려면 갈 길은 멀고 시작하는 것이 너무 늦었다고 여길지는 몰라도 그렇다고 너무 걱정할 필요는 없는 것이다. 한 걸음을 떼면 곧 만 리에 이를 수 있기 때문이다. 또 이제 막 시작되었기에 규모가 크지 않다고 걱정할 필요도 없다. 한 삼태기라도 쌓게 되면 곧 태산처럼 될 수가 있기 때문이다.[43]

경학사는 국치 이후 만주에서 조직된 첫 항일단체로서 낮에는 농사를 지어 생계를 도모하고 밤에는 공부했다. '공부' 중에는 군사훈련이 포함되었다. 낮에 군사교련을 하다가는 중국 측의 공연한 오해를 살 것이기에 야간을 택한 것이다.

경학사를 중심으로 뭉친 한인들은 척박한 만주 땅을 개간하여 삶의 터전을 마련하고, 국내에서 애국정신을 가진 동포들을 더욱 불러들이며 한인사회의 기반을 일구어 나갔다. 경학사 회원들의 노력으로 이후 삼원보에는 많은 애국 동포와 지사들이 모여들기 시작했다.

신민회 출신의 민족지도자들뿐만 아니라 항일 의병 전투를 전개했던 이진룡, 조맹선, 박장호, 조병준, 전덕원 등과 일본 육군사관학교에서 신식교육을 받은 인물들로 노백린, 임재덕, 이갑, 김광서, 지청천 등도 속속 합류했

---

43 『독립운동사』, 제5권, 「독립군전투사(상)」, 1967, 170쪽.

다. 이들 민족운동계 지도자들은 신민회 회원 출신의 지도자들과 힘을 합해 이주 한인의 자제들에게 민족교육을 시키는 한편 한인사회를 이끌었다.

척박한 이국땅에서 경학사의 운영은 말처럼 쉽지가 않았다. 가르치는 사람들이나 배우는 사람들의 열정과 애국심은 높았으나 주변 상황은 이를 감당하기 어려웠다. 첫해 1년간은 이시영 일가가 국내에서 가져온 자금으로 운영했으나 곧 바닥이 나고, 설상가상으로 그해 농사는 대흉작을 면치 못해 이주 한인들의 고통은 이만저만이 아니었다. 그야말로 초근목피로 연명하기에 이르렀다.

경학사의 교육 내용이 만주 교민들 사이에 널리 알려지면서 입교하려는 청소년이 많아졌다. 비좁은 교실에 다 수용하기가 어려워지면서 자연히 이전 논의가 있었다. 아울러 이참에 본래의 목표이던 무관학교를 세우자는 논의로 이어졌다.

하지만 중국인들 중에는 여전히 일본의 앞잡이들이라는 의심의 눈초리를 보내고, 심지어 "이시영 형제들은 중국어로 이름 끝자의 발음이 이완용의 용과 같으므로 그들을 이완용과 그의 형제들로 오인"하기도 했다.[44]

이러한 요언妖言이 중국인들에게 옮겨져 각지로 퍼져나가자 중국 각 현의 현장과 그 산하기관에서는 한국인과 중국인 사이의 토지 매매를 금하는 명령을 내렸고, 또 한국인들의 내왕에도 간섭함으로 말미암아 여러 면에서 활동의 제약을 받게 되었다.

---

44 채은식, 『무장독립운동비사』(대한민국 공보처 발행, 1946), 48쪽.

이러한 중국인들의 방해는 경학사를 운영하는 데 많은 곤란이 뒤따르게 했다. 그러나 국권회복의 중대사를 신속히 해야겠다는 의지를 바탕으로 중국인의 옥수수 창고를 빌려 일단은 공부를 가르치는 평범한 강습소라 이름 붙여 중국인들의 오해를 풀어주면서 내면적으로는 무관 양성을 위한 교육을 시작했다.[45]

중국 총통 원세개袁世凱 만나 지원받아

한국 독립운동가들은 만주에서 돈을 주고도 토지를 매입하기가 쉽지 않았다. 무엇보다 일본의 첩자라는 오해가 깊었기 때문이다. 경학사를 신흥강습소로 확대하기 위해서는 일정한 부지가 필요했으나 여간 어려운 일이 아니었다.

중국인들의 오해를 풀기가 쉽지 않자 이시영은 북경으로 가서 한국에 있을 때 친밀했던 당시 원세개 중국 총통에게 사정을 설명하고 그의 도움을 받아 중국인들과의 오해를 풀 수가 있었다.[46]

이시영은 대한제국의 관리로 있을 때 원세개와 자주 만났다. 당시 그는 청나라의 실력자 이홍장의 명을 받아 총리교섭통상사의總理交涉通商事宜가

---

45   이은우, 앞의 책, 115쪽.

46   앞의 책, 153쪽 주석.

되어 조선에 머물면서 내정과 외교를 간섭하는 한편 청나라 세력을 심어 일본에 대항했다. 청일전쟁에서 패한 뒤 귀국하여 1906년 이홍장이 죽은 후 그의 뒤를 이어 북양대신이 되고, 1911년 신해혁명이 일어나자 청의 총리대신이 되어 손문과 손을 잡고, 혁명 후 중화민국 초대 대총통으로 자리 잡고 있었다.

이시영 등이 만주에서 신흥강습소에 이어 신흥무관학교를 세우고 운영하는 데는 원세개의 도움이 적지 않았다. 옥수수 창고에서 시작했던 경학사가 합니하로 옮겨 교사를 신축하고 교명을 신민회의 '신新' 자와 다시 일어난다는 '흥興' 자를 붙여 '신흥강습소'라 하였다.

신흥강습소 교사는 토착민들의 오해가 풀리면서 합니하강 북쪽 언덕 위에 신축할 수 있었다. 각 학년별로 널찍한 강당과 교무실이 마련되고 병영사兵營舍도 신축했다. 내무반에는 사무실, 편집실, 숙직실, 나팔실, 식당, 비품실이 구비되어 있었고, 생도들의 성명이 부착된 총가銃架가 별도로 설치되었다.

신흥강습소는 1912년 7월 교사 낙성식을 갖고 교명도 신흥중학으로 개칭했다. 그리고 4년제 본과와 6개월 또는 3개월 과정의 속성과를 병설하여 국내외에서 찾아오는 젊은 인재들을 교육, 훈련시켰다. 신흥강습소는 자금난 등의 난관 속에서도 1911년 12월 제1회 특기생으로 김연, 변영태, 성주식 등 졸업생 40여 명을 배출했다.

강습소는 당초 양기탁 등의 국내 모금과 이석영의 재산으로 운영할 계획이었으나 이른바 105인 사건으로 국내 모금이 중단되고 말았기 때문에 전적으로 이석영에 의존할 수밖에 없었다. 그러나 이석영의 재산도 이내고갈되고 말았으므로 재만 동포들의 기부금에 의존할 수밖에 없는 상황이었다. 그런데 1911년에 서간도 지역에는 풍토병이 만연하고 가뭄과 서리 등 천재까지 겹쳐 동포들의 농사가 치명적인 피해를 입어 신흥강습소의 유지에도 큰 어려움이 있었다.

경영의 어려움 속에서도 교사와 학생들은 조금도 움츠러들지 않고 민족의식을 고취시키는 교가를 부르면서 교육과 훈련에 매진했다. 다음은 「신흥강습소 교가」 1절이다.

서북으로 흑룡태원 남의 영절의
여러 만만 헌원자손 업어기르고
동해 섬 중 어린것들 품에다 품어
젖― 먹여준― 이가 뉘뇨.
우리우리 배달나라의
우리우리 조상들이라
그네 가슴 끓는 피가 우리 핏줄에
좔― 좔좔 걸치며 돈― 다.[47]

이시영 일가와 독립지사들은 흉작에 따른 자금난으로 경학사를 해체하고, 1912년 봄에 새로운 한인자치기구인 부민단扶民團을 조직했다. 경학사

---

47 박환, 「신흥강습소」, 『한국독립운동사사전 5』(독립기념관, 2004), 354쪽.

의 정신을 이은 부민단은 합니하에서 조직되었다. "부여의 옛 영토에 후손들이 부흥결사復興結社를 세운다"라는 뜻이었다. 초대 단장은 의병장 허위의 형인 허혁이 맡았으며, 얼마 뒤에는 이상룡이 선임되었다.

부민단은 한인사회의 분쟁은 물론 지역 토착민 및 중국 관청과의 분쟁을 조정하고 민족교육을 실시하는 한편 신흥강습소를 통하여 독립군의 양성에도 힘을 기울였다. 궁극적인 목표는 재만 한인의 토대 위에 독립운동 군사기지를 설치하는 것이었다.

이시영 등은 열악한 상황에서도 우국지사들을 결집하여 경학사와 신흥학교, 이어서 이 둘을 통합한 부민단을 조직하면서 독립운동 기지 건설 기반을 구축했다. 목표는 일제와 무장투쟁을 하는 장교 양성기관인 군관학교의 설립이었다.[48]

48 김삼웅, 『이회영 평전』(책보세, 2011), 79쪽.

제5장

신흥무관학교 창설하고 운영

신흥무관학교 창설, 교장 맡아 살림 꾸려

　1907년 7월 일제가 대한제국 군대를 해산한 지 5년 만인 1912년 봄, 만주 신안보에서 독립군관 양성을 목표로 신흥무관학교 교사 신축공사가 시작되었다. 극심한 흉년에도 아껴두었던 이석영의 돈을 꺼내고 이상룡일가 등이 비축했던 돈을 보태어 천혜의 요새지로 알려진 통화현 합니하 신안보新安堡의 땅을 매입했다. 토지 매입이 쉽지 않자 이시영이 원세개에게, 이회영이 동삼성 도독에게 청원하여 간신히 허락을 받아냈다.

　이곳을 신흥무관학교 설립지로 택한 데는 까닭이 있었다. 이곳을 답사한 조선족 학자 강원룡의 기록이다.

　　주위가 고산준령으로 둘러싸인 분지에 남북 10리나 되는 평원이 있고 그 남쪽 끝이 논밭보다 약 30미터 정도 높게 덩실하게 언덕을 이루었는데, 언덕 위는 20정보 가량 되는 구릉을 이루어 마치 합니하 '평원'을 연상케 했다. 군사적으로도 영락없는 요새였다. (……) 천연 무대와 서쪽 심산이 맞붙어

있기에 실로 난공불락의 요새라고 말할 수 있다.[49]

교사 신축 공사는 학생, 교사, 동포 주민들의 손으로 이루어졌다. 초가을부터 내린 눈이 계속 쌓여 3월 하순까지 녹지 않고 꽁꽁 언 땅을 파고 짚을 섞어 토담을 쌓는 공사였다. 공사는 7월에야 끝낼 수 있었다.

1912년 7월 20일(양력)에 100여 명의 동포와 중국인 수십 명이 지켜보는 가운데 낙성식이 조촐하게 거행되었다. 18개의 교실이 비밀을 지키기 위해 산허리를 따라 줄지어 있었다. 학년별로 널찍한 강당과 교무실이 있고, 내무반에는 기능별로 별도의 공간을 마련했다. 훈련용 총기를 진열하는 총가銃架도 낭하에 비치되었다.

교장은 이시영을 시작으로 이동녕, 이상룡, 박창화, 여준, 이광 등이 차례로 맡았고, 교감은 김달, 윤기섭, 학감은 윤기섭, 이규봉 등이었다. 교관은 이세영, 이관직, 이장녕, 김창환, 양성환, 김홍 등이었고, 교사는 장도순, 윤기섭, 이규봉, 이정규, 이갑수, 김석영, 김순철, 이규룡, 여규형, 관환국(중국인) 등이었다. 교관 중에 이세영, 이관직, 이장녕, 김창환, 양성환 등은 대한제국 무관학교 출신들이다.[50]

신흥무관학교가 설립되면서 이시영은 학교장을 맡았다.

1913년 5월에는 사관학교적 성격을 띤 신흥무관학교로 개칭하여 보다 강

---

49   김명섭, 앞의 책, 55~56쪽, 재인용.

50   서중석, 『신흥무관학교와 망명자들』(역사비평사, 2001), 119쪽(요약).

력한 교명으로 바꾸었다. 이때 이시영이 바로 이 학교의 교장으로 취임했던 것이다.[51]

신흥무관학교에서는 군사교육은 물론 학생들의 민족정신 함양에도 주력했다. 독립운동의 지도자를 양성하기 위해서는 민족의식과 우리나라의 역사, 국어, 지리 교육이 필요하다고 인식한 터였다. 교재를 보면『국어문전國語文典』이 교과서로 채택되고, 국사 교재로『대한역사』,『유년필독』 등이 사용되었다. 이들 교과서와 교재는 1909년 국내에서 통감부가 발매 금지시킨 책이다.

지리 교재로는『대한신지지大韓新地誌』,『배달족강역형세도倍達族疆域形勢圖』 등이 활용되었다. 이 밖에도 서전서숙과 경학사, 신흥중학교에서 교재로 채택되었던 수신, 독서, 한문, 이화理化, 체조, 창가, 중국어, 물리학, 화학, 도화, 박물博物, 중등용기법中等用器法 등 다양한 과목을 공부했다.

신흥학교를 비롯하여 서전서숙, 협동학교의 교과목을 정리하면 다음과 같다.[52]

서전서숙	국문, 역사, 지리, 국제공법, 풍습, 경제대의, 수신, 산술, 한문, 정치학
협동학교	국어, 역사, 지지地誌, 외국지지, 수신, 대수, 한문, 작문, 미술, 물리, 화학, 생물, 동물, 식물, 박물, 창가, 체조
신흥학교 1	국문, 역사, 지리, 수학, 수신, 외국어, 창가, 박물학博物學, 물리학, 화학, 도화, 체조

51   박영석, 앞의 책, 188쪽.
52   서중석, 앞의 책, 120쪽.

신흥학교 2	역사, 지리, 산술, 수신, 독서, 한문, 이화理化, 체조, 창가, 중국어
신흥학교 3	국어문전, 중등교과산술, 신정新訂산술, 최신고등학이과서理科書, 교육학, 대한신지지大韓新地誌, 초등소학독본, 초등윤리과, 신선新選박물학, 중등산술, 윤리학 교과서, 대한국사, 사범교학학, 신편화학, 중등용기법中等用器法, 중등생리학

신흥무관학교의 목표는 어디까지나 유능한 독립군관을 양성하는 일이었다. 그래서 군사학과 교련에 중점을 두었다. 중등교육을 중심으로 하는 본과와 무관훈련을 시키는 군사과로 나뉘었지만, 본과에서도 군사교련에 비중을 두고 학생을 선발할 때 반드시 건장한 자를 뽑았다. 신흥무관학교는 학생들에게 군사교련을 시키기 위해 교관으로 대한제국 무관학교 교관 출신인 이세영, 이관직, 이장녕, 김창환 등을 초빙했다.

신흥무관학교의 학과는 주로 보기포공치步騎砲工輜의 각 조전操典과 내무령內務令, 측도학, 축성학築城學, 육군형법, 육군징벌령, 위수복무령, 구급의료, 편제학, 훈련교범, 총검술, 유술柔術, 격검擊劍, 전술전략 등에 중점을 두었다.[53]

군사교련의 실시에는 비용 관계로 어려움이 한두 가지가 아니었다. 군사훈련을 하면서 장총이나 권총, 기관총, 대포, 탄약 등 병기가 없어서 이론 교육밖에 할 수가 없었고, 역시 경비 때문에 말을 구하기 어려워 기마훈련을 하기 어려웠다. 그 대신 정신교육과 신체 단련에 집중하고 각종

---

53 원병상, 「신흥무관학교」, ≪신동아≫, 1969년 6월 호.

훈련을 강화시켰다. 그리고 일본의 최근 군사교련 교재나 각종 병서를 입수하여 교재로 활용했다.

학생들은 수업료 등 일체의 학비를 내지 않았다. 숙식도 교내에서 공동으로 했다. 이석영 일가와 유지들이 염출한 기금으로 운영하고, 동포 여성들이 모두 나와서 학생들의 식사준비를 맡았다.

생도들 자신이 강설기를 이용하여 학교 건너편 낙천동이란 산언덕에서 허리에 차는 쌓인 눈을 헤치며 땔감을 끌어내리고 등으로 이를 날랐다. 매년 월동 준비는 학생들의 자력으로 해결했다.[54]

온갖 어려움 속에서도 교관이나 학생들은 희망에 부풀었고 열심히 공부하며 군사훈련을 받았다. 신흥무관학교가 설립되면서 만주는 물론 국내에까지 널리 알려져 입학하려고 찾아오는 젊은이들이 많았다.

신흥무관학교는 본과와 특별과로서 군사과가 있었다. 본과는 4년제 중학 과정이고, 특별과는 6개월과 3개월 속성의 무관 양성과정이었다. 무관학교 생도들의 하루 일과는 이 학교 졸업생으로 교관이었던 원병상의 수기에서 생생하게 보여준다.

모든 생도들은 새벽 6시 기상나팔 소리에 따라 3분 이내에 복장을 갖추고 검사장에 뛰어가 인원점검을 받은 후 보건체조를 했다. 눈바람이 살을 도리

---

54   안천, 『신흥무관학교』(교육과학사, 1996), 160쪽.

는 듯한 혹한에도 윤기섭 교감이 초모자를 쓰고 홑옷을 입고 나와서 점검을 하고 체조를 시켰다. 자그마하지만 다부진 인물인 여준 교장은 겨울에도 털모자를 쓰지 않은 채 생도들의 체조 광경을 지켜보았고, 벌도 매서웠다고 한다. 활기찬 목소리, 늠름한 기상에 뜨거운 정성이 담겨 있었다.

체조 후 청소와 세면을 마치면 각 내무반별로 나팔소리에 맞춰 식탁에 둘러앉았다. 주식은 가축 사료나 다름없는, 윤기라고는 조금도 없는 좁쌀이었다. 부식은 콩기름에 절인 콩장 한 가지뿐이었다. 학생들이 얼마나 기름기 없는 음식을 먹었는지 한 일화로 짐작할 수 있다. 1912년 합니하 신흥무관학교 낙성식 때 이석영이 큼직한 돼지고기를 기증하자 이를 정신없이 먹은 생도들은 배탈이 나 여러 날 고생했다는 것이다. 이렇게 턱없이 부족한 식사와 의복에도 불구하고, 교직원은 단의單衣와 초모를 쓰고 교육을 시켰고, 학생들은 주린 배를 움켜쥐고 훈련에 열중했다.[55]

지도자들의 헌신에 학도들 의기충천

무엇이 혹독한 추위와 배고픔, 일제의 감시 속에서도 신흥무관학교의 청년들과 교관들에게 이 같은 열정과 투지를 갖게 했을까. 조국 독립의 대명제와 더불어 모든 것을 바쳐 헌신하는 지도자들의 노블레스 오블리주가 그 생명력이 되었을 것이다.

신흥무관학교에서는 학교 행사나 군사훈련을 시작할 때면 「애국가」를

---

55 원병상, 앞의 책.

비롯하여 각종 군가를 우렁차게 불렀다. 애국가와 군가의 작사자와 작곡자가 누구인지는 밝혀지지 않았다.

「애국가」

　　　화려강산 동반도는

　　　우리 본국이요

　　　품질 좋은 단군조선

　　　우리 국민일세

　　　무궁화 삼천리

　　　화려강산

　　　우리나라 우리들이

　　　길이 보존하세.

「독립군 용진가」

　　　요동 만주 넓은 뜰을 쳐서 파하고

　　　여진국을 멸하고 개국하옵신

　　　동명왕과 이지란의 용진법대로

　　　우리들도 그와 같이 원수쳐보세.

　　　(후렴)

　　　나가세 전쟁장으로

　　　나가세 전쟁장으로

　　　검수도산 무릅쓰고 나아갈 때에

독립군이 용감력을 더욱 분발해

삼천만 번 죽더라도 나아갑시다.

이 밖에도 각종 군가, 민요, 창작 노래가 불렸다.

슬프도다 우리 민족아!

오늘날 이 지경이 웬 말인가?

4천년 역사국으로

자자손손 복락하더니

오늘날 이 지경이 웬 말인가?

철사주사로 결박한 줄을

우리 손으로 끊어 버리고

독립만세 우레 소리에

바다가 끓고 산이 동하겠네.[56]

신흥학우단으로 정신 이어져

신흥무관학교는 졸업생이 늘어나면서 이들을 조직화하는 '신흥학우단'을 결성했다. 교장 여준, 교감 윤기섭과 제1회 졸업생 김석, 강일수, 이근호 등이 발기하여 조직한 것으로 교직원과 졸업생은 정단원이 되고 재학

---

56   김명섭, 앞의 책, 71~72쪽, 재인용.

생은 준단원이 되는 일종의 동창회와 비슷한 것이었다. 처음에는 명칭을 다물단多勿團이라 했다가 '학우단'으로 고쳤다. 신흥학우단의 목적과 중요 사업은 다음과 같다.

신흥학우단의 목적

혁명대열에 참여하여 대의를 생명으로 삼아 조국광복을 위해 모교의 정신을 그대로 살려 최후의 일각까지 투쟁한다.

중요 사업

① 군사와 학술을 연구하여 실력을 배양한다.

② 각종 간행물을 통하여 혁명이념의 선전과 독립사상을 고취한다.

③ 민족의 자위체를 조직하여 적구敵狗 침입을 방지한다.

④ 노동강습소를 개설하여 농촌청년에게 초보적 군사훈련과 계몽 교육을 실시한다.

⑤ 농촌에 소학교를 설립하여 아동 교육을 담당한다.[57]

신흥학우단은 졸업생이 증가함에 따라 서간도 우리 독립운동의 핵심체로 성장했다. 그들은 모교의 교명에 따라 2년간은 의무적으로 복무하도록 되어 있었으며, 그 대부분은 독립군에 편입되었으나, 여기에 편입되지 않은 졸업생들도 각 곳에 흩어져서 독립운동에 종사했다. 만주의 독립운동 중에 신흥

---

57 원병상, 앞의 책, 238~239쪽.

무관학교 졸업생이 들어 있지 않은 곳이 없었다고 말할 수 있을 만큼 그 영
향력은 막대했다.[58]

신흥무관학교는 학생이 늘고 사기가 높아가고 있었으나 그늘진 부분도
있었다. 경영이 그만큼 어려워진 것이다. 이회영 일가의 돈도 바닥을 드
러냈다. 그래서 이관직과 장도순을 국내로 파견하여 자금을 모아 오게 했
다. 두 사람은 합니하를 출발하여 귀국길에 올랐다. 장도순은 박중화의
집에, 이관직은 안확의 집에 묵으면서 알 만한 인사들을 만나 자금을 요청
했지만 모금이 쉽지 않았다.

그동안에 민심도 변하고, 무엇보다 총독부의 엄한 통치와 사찰에 후환이
두려워 선뜻 돈을 내놓으려 하지 않았다. 장도순은 1개월 뒤에 만주로 돌아
가고, 이관직은 국내에 남아서 장기적으로 자금을 모으기로 했다.[59]

신흥 출신들, 무장투쟁 지도자로 활동

신흥무관학교는 10년 동안 통칭 3500여 명의 졸업생을 배출한 것으로
연구되었다. 1912년 가을에 속성 특과로 11명을 배출한 것을 시작으로 매
년 속성과와 본과의 졸업자가 100명, 200명씩이었다. 여러 가지 상황으로

---

58 신용하, 『한국민족독립운동사연구』(을유문화사, 1985), 118쪽.
59 이관직, 앞의 책, 158쪽.

매년 졸업자 수는 일정하지 않았으며, 신흥무관학교와 연계되는 학교와 기관도 많았다.

1919년 3·1혁명 이후 신흥무관학교가 새로운 출발을 하기 전까지 신흥무관학교를 졸업한 학생 수를 알 수 있는 자료를 검토해 보자.

필자를 알 수 없는 『제9항 백서농장사白西農庄史』에 따르면 1915년 이 농장에 들어온 사람은 385명이다. 이 숫자는 거의 정확한 것으로 봐야 할 것이다. 385명에는 신흥무관학교 졸업자뿐만 아니라, 신흥학교 분·지교 졸업자와 노동강습회 이수자도 포함되어 있다. 그렇지만 단단히 각오하고 독립군에서 중견 역할을 하기 위하여 병농兵農학교에 들어온 것이기 때문에 신흥무관학교 출신이 대부분이라고 봐야 할 것이다.

그렇다면 1915년 봄 이전 신흥무관학교 졸업자는 300명 이상일 것이라고 추정하여도 큰 무리는 아닐 것이다.[60]

일제는 3·1혁명 이후 만주 지역에서 활동하는 한국독립군을 뿌리 뽑아야 조선에서 지배체제의 안정을 이룩할 수 있다고 판단, 이 지역에 정예군을 파견하여 대대적인 학살 작전을 전개했다.

또한 중국 관헌에 압력을 가하여 한국인의 무장독립운동을 방해하고, 토족세력인 마적단을 조종하여 습격, 납치, 학살을 자행하였기 때문에 신흥무관학교를 비롯하여 각급 민족운동단체들은 위기에 직면했다.

---

60 서중석, 앞의 책, 131쪽.

그동안 신흥중학과 신흥무관학교는 만주 일대는 물론 러시아령에까지 수십 개의 학교와 연계하면서 지역 청년들의 군사훈련에 힘썼다. 각 지역에서 이름을 달리하는 많은 소·중학교가 설립되었지만 뿌리는 대부분 신흥중학과 신흥무관학교에 두었다.

신흥무관학교에서 배출한 졸업자는 3500여 명으로 추산되는데, 더 정확한 자료는 앞으로 연구과제가 되고 있다.

신흥무관학교 졸업생들은 만주 지역과 중국 관내에서 항일 독립운동의 중핵이 되었다. 1919년 11월 만주 지린성吉林省에서 '폭렬투쟁'을 선언하면서 조직된 조선의열단의 핵심멤버가 신흥무관학교 출신들이다. 단장 김원봉을 비롯하여 강세우, 권준, 김옥, 박태열, 배중세, 서상락, 신철휴, 윤보한, 이성우, 이종암, 이해명, 최동윤, 한봉근, 한봉인 등이다.

의열단은 최초 발기인 13명에서 1924년에는 단원이 약 70여 명에 이르렀다. 이들은 부산경찰서·밀양경찰서·조선총독부 폭파 사건, 황옥黃玉경부 사건, 종로경찰서·동양척식회사·도쿄 니주바시二重橋 폭파 사건을 비롯하여, 그 외에도 16건의 의열투쟁을 실행하여, 독립운동의 금자탑을 이루었다.

만주 지역의 대표적인 무장독립운동 단체인 서로군정서西路軍政署는 1919년 4월 한족회와 통합하여 무장투쟁을 전개했다. 독판 이상룡, 부독판 여준, 정무청장 이탁, 군정청장 양규열, 참모장 김동삼, 교관 지청천, 신팔균, 김경천 등 간부 대부분이 신흥무관학교 출신들이다. 이들 외에 신흥중학과 신흥무관학교 출신으로 한족회와 서로군정서에서 주요한 역할을 한 인사는 권계환, 김동식, 김중한, 김우권, 김철, 김하성, 김학규, 박명진, 백광운, 백기환, 신용관, 오광선, 이덕수, 이병철, 현기선, 강화진, 김춘식, 박영희, 백종열, 오상세, 이운강, 최해 등이다.

또한 신흥중학과 신흥무관학교 출신들은 1922년 만주 봉천성 환인현에서 조직된 통의부統義府에 참여하여 주요한 역할을 했다. 이천민은 군사위원을 맡아 직접 무장투쟁을 주도하고, 자치행정기구에도 여러 명이 참여했다.

1924년 만주 통화현에서 조직된 참의부參議府에는 백광운이 참의장 겸 제1중대장으로서 무장투쟁을 지휘했다. 이 외에 1925년 만주 영안현에서 조직된 신민부新民府, 1929년 만주에서 조직된 국민부 등 만주 일대의 무장투쟁 단체에는 어김없이 신흥중학과 신흥무관학교 출신들이 참여하고 중심이 되었다.

1920년 6월 봉오동 전투와 같은 해 10월의 청산리 전투에서는 지청천, 이범석 등 신흥무관학교 교관 출신들이 '항일대첩'을 주도했다. 신흥무관학교 출신들은 1940년 중국 충칭에서 임시정부의 국군으로 조직된 항일 무장부대 광복군의 창설에도 핵심적 역할을 했다. 지청천, 김학규, 김원봉, 이범석, 권준, 신동열, 오광선 등이다. 광복군 총사령 지청천, 참모장 이범석, 제1지대장 김원봉, 제3지대장 김학규 등은 모두 신흥무관학교 간부들이었다. 이처럼 신흥무관학교는 무장독립운동의 사관을 육성한 요람이었다.

▲ **북로군정서 청산리전투 승리 기념(1920)**

　　북로군정서는 일본 군대가 간도를 무단 침범하여 독립군을 공격해 오자 1920년 9월 17일과 18일 이틀에 걸쳐 주력부대를 청산리 방면으로 이동시켜 청산리 독립전쟁의 첫 번째 교전을 승리로 이끌었다. 당시 북로군정서는 총재 서일, 사령관 김좌진이었다.

제6장

베이징에서의 활동

'만주의 무관제왕' 일본 신문 보도

이시영은 신흥무관학교가 어느 정도 자리를 잡게 되면서 1912년 가을 우리 동포가 많이 사는 중국 동북3성과 연해주 지역을 널리 순방했다. 신흥무관학교의 학생과 운영자금 모집이 목적이기도 했지만, 동포들을 두루 만나 민족의식을 일깨우고, 일제와 싸우면 반드시 독립의 날이 온다는 격려를 위해서였다.

이시영이 순방을 마치고 돌아와 다시 학교 일에 열중하고 있던 1913년 초가을 러시아령 연해주에서 독립운동을 하고 있던 이상설로부터 편지가 왔다. 내용은 다음과 같았다.

근간 일본의 오사카 ≪마이니치신문≫에 이시영은 만주의 무관제왕이라 했고, 또 만주 일대의 살인 강도 두목이라는 기사가 있어 일본 전체가 크게 주목을 하게 되어 앞으로 무도한 참해가 닥쳐올 것이니 타처로 피신하라.[61]

일제는 이시영이 신흥무관학교 교장으로서 독립군관을 양성하고, 지난 해에는 동북3성과 연해주 지역을 순방하면서 조선 교민들에게 독립정신을 고취한, 그야말로 '불령선인의 우두머리'라고 인식한 것이다.

이해 9월 베이징의 지인들로부터 전보가 왔다. 신변이 위험하니 그곳으로 오라는 내용이었다. 일본 신문 기사를 보고 피신시키고자 한 것이다. 이시영은 베이징으로 거처를 옮겼고, 얼마 뒤 그가 살던 집을 일본 군대가 습격하여 무차별 방화약탈을 자행했다.

유배자는 정주지定住地가 있지만 망명자에게는 정주할 곳이 따로 있을 리없다. 그런 의미에서 망명자는 자유인이다. 그리고 이시영에게는 여전히 할일이 많았다. 재혼한 박씨 부인이 망명지에서 고생 끝에 숨을 거두고, 1905년에 태어난 차남 이규열李圭悅과 함께 베이징으로 거처를 옮겼을 즈음 망국군주 고종이 중국군 참모차장 진한陳漢의 손을 거쳐 원세개 대총통에게 밀서를 전달하였다.

내용은 동삼성 교포 문제에 대한 것과, 한국 독립운동 등 이시영이 추진하는 사업에 대하여 원조하여 달라는 것이었다. 원래 원세개 대총통은 한국에 와 있을 때부터 선생이 어떤 분이라는 것을 잘 알고 있는 터였다. 그는 수차에 걸쳐 비밀회의를 열고 육군총장 단기서段棋瑞와 위수사령관 이첩삼李捷三 등에게 선생을 적극 지원하도록 지령했다. 그리하여 한국 교포 이주와 각종 무예 기술 등 제반 문제에 관한 계획을 수립하여 장기 항일을 하도록

61　박창화, 앞의 책, 49쪽.

도움을 주게 했는데, 진陳은 쓰촨四川 후이뺀會辦으로 출발했다.

이것은 일본군이 만일 베이징, 상하이를 침탈한다고 하더라도 쓰촨까지는 들어오지 못하리라는 데서 취해진 조치였다. 진은, 이러한 오지奧地로 깊숙이 들어가서 실력을 충분히 양성한 다음 한중韓中이 연합전선을 펴서, 소위 제국일본帝國日本을 타도하자는 원대한 계획이었다.[62]

일제는 1920년 봉오동과 청산리 전투에서 참패한 후 간도지역 교민들을 대량 학살하는 이른바 경신참변을 자행했다. 일본군이 조선인 마을을 습격하여 무차별 살인, 방화, 강간, 약탈로 살해된 사람이 1700여 명, 불탄 가옥이 3300여 채에 이르렀다. 이후 독립군은 근거지를 만주지역에서 소련과의 국경지대로 옮기게 되었다.

고종이 유폐된 처소에서 원세개에게 밀서를 보내고, 측근에게 이시영을 만나 한중 연합전선을 준비토록 하였던 것이다.

"선생과 진 차장은 서로 이러한 방책을 단단히 약속하여 놓고 매사를 착착 추진하던 도중이었는데, 일본인의 교활한 모략과 강포한 침해로 원세개 총통을 기만欺瞞하여 죽게까지 했고, 선생의 모든 계획도 여의치 못하게 되었다."[63]

---

62 앞의 책, 50~51쪽.

63 앞과 같음.

고종의 해외 망명을 준비했으나

이시영이 베이징으로 거처를 옮겨 새로운 차원의 국권회복을 위해 노력하고 있을 즈음, 국내외 정세는 크게 변하고 있었다. 1914년 7월 제1차 세계대전이 일어났다. 일본은 중국에서의 이권 확대를 노리고 영일동맹을 명분으로 내세워 8월 23일 독일에 대해 선전을 포고하고 산둥성의 독일 조차지 청도와 독일령 남양제도를 점령하는 한편, 이듬해에는 중국에 '대중 21개조 요구'를 승인케 했다.

중국으로서는 굴욕적인 요구 조항이었다. 주요 내용은 관동주關東州 조차기한과 남만주철도 권익기한의 99년간 연장, 만주 남부, 동부, 내몽골에서의 일본의 우월권 확립, 중국 연안의 항만이나 섬의 타국에 대한 할양과 대여 금지 등이었다.

'대중 21개조 요구'는 곧 국제문제로 비화되고, 중국 안에서는 반일운동이 거세게 일어났으나, 일본 정부는1915년 5월 7일 최후통첩을 발하고 이틀 만에 원세개를 굴복시켰다. 그러나 중국 인민들은 이의 무효 또는 폐지를 주장하는 한편, 이를 수락한 5월 9일을 국치일로 정하고 주권회복운동을 전개했다.

이와 같은 정세 변화는 한국 독립운동가들에게 절호의 기회가 되었다. 그동안 중국 식자층은 우리 독립운동들을 '망국노'라고 멸시해 왔다. 그러나 이제 동병상련의 우호관계가 되고, 일제는 한중 공동의 적으로 간주되었다.

이시영은 베이징으로 거처를 옮긴 후 형(이회영)과 만나 고종황제를 탈출시켜 중국에 망명정부를 수립하는 문제를 논의했다. 두 형제는 큰 원칙에는 쉽게 합의가 되었으나 '고종황제 중심'에는 의견이 엇갈렸다.

"성재의 생각은 어떤 구심점을 중심으로 독립운동을 해야 효과적인 운동을 할 수 있다는 것이었고, 우당의 의견은 어떤 인물이나 단체를 중심으로 활동을 하는 것은 과거 동학과 같은 형태의 활동이 되어 결국은 내분을 야기시켜 효과적인 활동을 못하게 되기 때문에 개별적으로 활동을 해야 한다는 것이었다."[64]

이회영은 자유분방하게 살아온 아나키스트의 구상이고, 이시영은 고위 관료를 지낸 현실적인 방안이었다. 우리 독립운동가들은 해외에 산재하여 역량을 모으지 못한 상태였다. 아직 국내외 어디에서도 임시정부(또는 망명정부) 수립론이 제기되기 전이었다. 형제는 향후의 정부체제 문제는 미뤄 두고 우선 고종황제를 해외로 탈출시키자는 데 뜻을 모았다. 거대한 구상이었다. 이렇게 하여 '광무제光武帝의 국외망명 기도 사건'이 진행되었다. 전 판서 민영달이 거액을 내놓았다. 이 준비 과정을 곁에서 지켜보았던 우당 이회영의 아들 이규창의 증언이다.

이때는 마침 영친왕英親王 이은李垠과 왜倭 황가皇家 방자芳子와의 혼담 결정으로 황제의 고민이 지극했던 시기였다. 그러므로 이교영李喬永이 부친

---

64   이정규, 『우당 이회영 약전』(을유문고, 1985), 58쪽.

의 생각을 황제에게 전하자 뜻밖에 쾌히 승낙하셨다. 부친은 황제께서 승락하셨다는 소식을 이교영으로부터 전해 듣고 홍증식洪增植을 데리고 민영달閔泳達을 찾아가 고종 황제의 뜻을 전하며 그의 의사를 타진했다. 그러자 민영달은 "황제의 뜻이 그러시다면 신하된 나에게 무슨 이의가 있겠는가? 나는 분골쇄신하더라도 황제의 뒤를 따르겠다"라고 하며 쾌히 승낙했다.[65]

극비리에 고종의 망명 준비가 진행되는 가운데 1918년 중반이 되었다. 제1차 세계대전이 끝나가고 윌슨 미국 대통령이 전후 처리를 위해 '14개조 평화원칙' 중에 민족자결주의를 포함시킴에 따라 국내외 각지에서 독립운동의 뜨거운 기운이 일고 있었다. 윌슨의 주창에 앞서 1917년 11월 러시아혁명을 일으킨 직후 레닌은 러시아 내 100여 개 소수민족에 대해 민족자결을 원칙으로 하는 「러시아 제 민족의 권리선언」을 선포했다. 다시 이규창의 증언이다.

이리하여 부친께서는 민영달 씨와 비밀리에 만나 구체적인 방법을 강구했다. 먼저 수水, 육陸 두 가지의 출국 행로를 비교하여 배를 타시기로 했고, 다음 행선지에 대해서는 우선은 중국으로 하고 상해와 북경을 비교하여 북경에 행궁行宮을 정하기로 했다. 민영달 씨는 자금으로 5만 원을 내놓고 부친은 준비 작업을 맡기로 했다. 1918년 말 무렵 부친께서는 민영달 씨가 내놓은 자금을 이득년, 홍증식 두 동지에게 주어 북경에 머물고 있던 다섯째

---

65 이규창, 『운명의 여신(餘燼)』(클레버, 2004), 52쪽.

숙부인 성재 이시영에게 전달하게 하고 고종황제께서 거처하실 행궁行宮을 임차하고 수리하도록 부탁했다. 상해 임시정부 조직 자금도 5만 원 중 일부였다.[66]

이시영은 고종이 거처할 장소는 물론 향후 독립운동의 방략을 마련했다. 하지만 고종이 갑자기 붕어하며 거사는 미수에 그쳤다. 망명 시도를 알고 일제가 독살했을 가능성이 따른다.

---

66   앞의 책, 52~53쪽.

제7장

대한민국 임시정부 참여

한성정부 재무부 총장 이어 상하이 임시정부에 참여

'강도 일본'(신채호의 표현)에 국권을 빼앗긴 지 9년 만인 1919년 3월 1일을 기해 한민족은 거족적으로 봉기했다. 3·1혁명이다. 3월 1일부터 4월 말까지 2개월 동안 집회 총인원 202만 명, 사망자 7509명, 부상자 1만 5961명, 피검자 4만 6948명, 불탄 종교기관 47동, 불탄 민가 715호 등이다. 당시 인구는 1800만 명이었다.

독립만세 시위는 국내뿐만 아니라 한민족이 거주하는 해외 각 지역에서도 전개되었다. 손병희 등 민족대표 33인은 「독립선언서」에서 자주독립을 선언했다. 이에 따라 1919년 3~4월에 국내외에서 총 여덟 개의 임시정부가 수립, 선포되었다. 대표적인 것은 한성 임시정부와 노령 임시정부(대한국민의회) 그리고 상하이 임시정부였다.

한성 임시정부는 1919년 3월 23, 24일 국민대회 13도 대표자들이 「국민대회 취지서」를 발표하고, 「임시정부 선포문」을 통해 임시정부를 조직했다. 이시영은 한성 임시정부의 재무부 총장으로 선임되었다.

한성 임시정부의 각료는 집정관총재 이승만, 국무총리총재 이동휘, 내무부 총장 이동녕, 외무부 총장 박용만, 재무부 총장 이시영, 차장 한남수, 교통부 총장 문창범, 군무부 총장 노백린, 법무부 총장 신규식, 학무부 총장 김규식, 노동국 총판 안창호, 참모부 총장 유동열, 차장 이세영 등이었다. 이들 가운데 재무부 차장 한남수와 참모부 차장 이세영을 제외하고는 모두 국외에 있었다. 따라서 한성 임시정부는 국외망명가들이 중심이 된 정부라고 할 수 있다.

이시영을 비롯하여 선임된 각료 대부분이 해외에서 활동 중이어서, 어떤 경로를 통해 선임되었는지 밝혀진 바 없다. 이시영이 고국을 떠난 지 9년 만에 3·1혁명을 계기로 국내에서 최초로 조직된 임시정부에 쟁쟁한 독립운동가들과 어깨를 나란히 주요 각원으로 선임된 것은 그동안의 독립운동이 돋보인 결과였다.

일제의 폭압적인 탄압으로 한성 임시정부는 활동을 계속하기 어려웠고, 이시영도 물론 귀국할 수 없었다. 따라서 한성 임시정부는 '페이퍼 정부'의 역할에 그치게 되었다.

3·1혁명의 적장자는 중국 상하이에서 태어났다. 상하이는 1800년대부터 상업도시로 발전한 해상교통의 요지이고, 1911년 중국 신해혁명의 거점도시인 데다 1840년대부터 외국주권이 행사되는 조계租界, 즉 미국, 영국, 프랑스의 조계가 있었다. 미국과 영국의 조계 대신 프랑스 조계를 택한 것은 1789년 대혁명 정신인 자유, 평등, 박애 정신이 남아 있었고, 프랑스 조계에서 한국의 임시정부 장소를 양해했기 때문이다.

상하이를 독립운동의 거점으로 선택한 데는 중국 신해혁명에 직접 참여한 신규식의 역할이 컸다. 을사늑약에 분통하여 음독했다가 오른쪽 눈을 실명한 신규식은 중국으로 망명하여 손문을 도와 신해혁명에 가담하고, 이후 박은식, 신채호, 이상설 등과 신아동제사를 조직하여 상하이에 둥지를 틀었다.

신아동제사의 지사들은 얼마 후 신한혁명당을 조직하여 고종황제를 모셔와 망명정부를 수립하고자 국내에 밀사를 파견했다. 거사를 준비하던 성낙형이 일제경찰에 검거되면서 이 운동은 좌절되고, 1917년 7월 신규식, 조소앙, 신채호, 박은식, 윤세복, 홍명희, 박용만 등 14명이 「대동단결선언」을 통해 임시정부 수립을 위한 연대를 촉구했다.

독립운동가들에게 국제정세의 변화가 감촉되었다. 앞에서 소개한 대로 제1차 세계대전의 종결과 1917년 11월 볼셰비키혁명 후 레닌이 러시아 안의 100여 개 소수민족에게 '민족자결'을 원칙으로 하는 '러시아 제민족의 권리선언'을 발표하고, 1918년 1월 윌슨 미국 대통령이 민족자결주의 등 '14개조 평화원칙'을 선언했다.

여운형 등 동제사 간부들은 이와 같은 국제정세의 추이를 지켜보면서 신한청년당을 조직하여 김규식을 파리강화회의에 파견하는 한편, 국내에서 3·1혁명이 발발하고 임시정부 수립론이 제기되면서 상하이를 중심으로 임시정부 수립이 구체적으로 논의되기에 이르렀다.

상하이에는 기존의 동제사와 신한청년당 핵심인사들을 비롯하여, 베이징에서 활동하던 이시영 형제, 러시아와 만주에서 활동하던 독립운동가, 3·1혁명의 주역들이 파견한 현순, 일본에서 2·8독립선언을 주도한 최근우, 미국에서 여운홍 등이 속속 모여들었다.

"여운형, 현순 두 사람이 대표로 베이징에 찾아와서 선생을 초청하므로 중형 회영과 이동녕, 이광 등과 더불어 상하이로 갔다."[67]

이들은 프랑스 조계 보창로 325호에 임시사무소를 차렸다. 사무소 임차 비용은 국내에서 3·1혁명 준비자금으로 천도교의 손병희가 기독교 이승훈에게 전한 5천 원 중 2천 원으로 충당했다.

이들은 1919년 3월 26~27일 프랑스 조계의 한 예배당에서 독립운동을 지휘할 '최고기관'의 설치 문제를 논의하고, 이시영, 이동녕, 조소앙, 이광, 조성환, 신석우, 현순, 이광수가 참여하는 8인위원회를 구성하여 임시정부 수립절차에 들어갔다. 8인위원회는 논의를 거듭하여 먼저 임시의회를 설립하자는 데 합의했다.

4월 10일 오후부터 프랑스 조계 김신부로 셋방에서 임시의정원을 구성하기로 결정하고 조직체의 성격과 형태를 둘러싸고 치열한 논쟁을 벌였다. 정부를 수립하자는 측은 국치 이래 국민의 소망은 정부 수립에 있다는 주장을 폈고, 다른 측은 위원회나 정당을 먼저 구성하자는 주장이었다. 수직적인 정부가 수립되면 지역, 단체, 이념 등 다양한 계층의 사람이 참여하기가 어렵다는 이유였다. 논란 끝에 결국 임시정부를 수립하는 데 뜻을 모았다.

국내 각도를 대표하는 29명으로 임시의정원을 구성하고 국호와 연호,

67　박창화, 앞의 책, 65쪽.

국체, 임시헌장(헌법)이 채택, 제정되었다. 국호는 대한민국, 연호는 대한민국 원년, 국체는 민주공화제를 채택했다. 임시헌장을 제정하기 위해 이시영, 조소앙, 신익희, 남형우로 4인위원회를 구성하고, 여기서 대한민국 임시헌장이 기초되었다. 이시영과 형 이회영은 서울 대표 자격으로 의정원 의원에 선임되었다.

상하이 임시정부 법무총장에 선임

임시의정원은 밤을 새워 토의를 거듭한 끝에 전문 10조로 된 임시헌장을 심의, 통과시켰다. 국호 제정과 관련하여 대한민국, 조선민국, 고려공화국 등이 제안되어 역시 토론을 거쳐 대한민국으로 확정했다. '대한'이라는 국호를 둘러싸고 일부 의정원 의원이 망한 대한제국의 국호를 다시 쓸 이유가 있는가를 따지고, 다수 의원들은 망한 대한제국을 다시 일으켜 세운다는 의미와 함께 '한韓'이라는 명칭은 삼한 이래 우리 민족의 고유한 이름이라는 사적史的 고찰이 전개되어 결국 '대한제국'에서 '제帝' 자 대신 '민民'의 시대를 연다는 뜻에서 '대한민국'으로 결정되었다.

임시의정원은 의장 이동녕, 부의장 손정도, 서기 이광수, 백남철을 뽑았다. 임시의정원은 정부조직의 법제를 제정하고 4월 11일 이를 공포했다. 대한민국 임시정부가 태어난 순간이다. 대한민국은 임시정부의 법통을 계승했기 때문에 이때가 대한민국 건국 원년이 된다. 1948년 8월 15일 정부 수립일을 대한민국 건국절로 삼으려던 이명박 및 박근혜 정부의 시도는 이와 같은 역사적인 사실을 외면한 처사였다.

임시정부 의정원은 국무총리로 이승만을 선출한 데 이어 정부각료를 선임했다. 다음은 초기 내각 명단이다.

국무총리 이승만
내무총장 안창호
외무총장 김규식
재무총장 최재형
군무총장 이동휘
법무총장 이시영
교통총장 문창범

임시정부는 국무총리에 선출된 이승만이 미국에 체류 중이어서 내무총장 안창호를 중심으로 운영되었다. 이시영은 한성정부 재무부 총장에 이어 이번에는 법무총장으로 선임되었다.

1919년 3~4월에 국내외에서 도합 여덟 개의 임시정부가 수립 선포되었다. 조선민국 임시정부, 신한민국 임시정부, 대한민간정부, 고려공화정부, 간도 임시정부 등은 수립 과정이 분명하지 않은 채 전단으로만 발표되었다. 실제적인 조직과 기반을 갖추고 수립된 것은 러시아 연해주, 상하이, 한성의 임시정부였다.

상하이 임시정부가 채택한 임시헌장의 10개 조항에는 "대한민국은 민주공화국이다"(제1조), "대한민국은 임시정부가 임시의정원의 결의에 의하여 이를 통치함"(제2조), "대한민국의 인민은 남녀, 빈부 및 계급 없이 일체 평등으로 함"(제3조), "대한민국의 인민은 종교, 언론, 저작, 출판, 결사, 집회, 거주이전, 신체 및 소유의 자유를 향유함"(제4조) 등 근대적 민주공화제의 헌법 내용을 담았다. 비록 임시정부일망정 유사 이래 처음으로 민주공화제 정치체제를 채택한 것이다.

임시정부 헌법기초위원으로 활약

대한민국 임시헌장(헌법)은 이시영, 조소앙, 신익희, 남형우 4인위원회가 기초하여 1919년 4월 11일 임시의정원에서 심의를 거쳐 채택된, 전문前文과 10개조의 간략한 내용이었다. 일제병탄 9년 만에 국체와 정체를 민주공화제로 하고, 구대한제국의 복구가 아니라 민주공화제의 새 나라 건국을 내외에 천명한 것은 가히 혁명적이었다.

이시영은 대한제국 정부의 관직에서 물러난 후 동서양의 법률 공부를 하여 근대적 법률에 해박한 지식을 갖게 되고, 임시정부 헌법을 비롯해 각종 법규 제정에 크게 기여하게 되었다.

놀라운 사실은 일제와 싸우는 전시체제의 임시정부가 "대한민국은 임시정부가 임시의정원의 결의에 의하여 이를 통치함"(제2조)이라고 규정하여, 권력분립체제를 분명히 한 대목이다. 실제로 임시정부는 임시의정원이 국정운영의 최고정책결정 기관이 되었다.

헌법은 남녀귀천, 빈부계급이 없는 일체 평등을 명기하고(제3조), 신교, 언론, 거주이전, 신체, 소유의 자유(제4조), 선거권과 피선거권 보장(제5조), 교육, 납세, 병역의무(제6조), 인류의 문화 및 평화에 공헌과 국제연맹

가입(제7조), 구황실 우대(제8조), 생명형, 신체형, 공창제 폐지(제9조) 등의 조항을 두었다.

주목할 사실은 제10조에서 "임시정부는 국토회복 후 만 1개년 내에 국회를 소집함"이라고 하여, 광복 뒤에는 지체하지 않고 국민의 뜻에 따라 국회를 소집하겠다고 선언했다.

비록 10개 조항에 불과한 임시정부의 임시헌법이지만 근대 민주공화제 헌법의 기본적인 내용은 거의 포함하고 있다. 1919년 봄 상하이에 모인 망명 지사들은 이렇게 민주적인 신념으로 우리나라 국체의 근간을 민주공화제로 만들었다.

임시정부의 지도자들은 구황실의 예우문제와 같은 봉건적인 잔재가 없지는 않았으나, 헌법을 민주공화제로 만들고 정부형태는 의원내각제와 대통령중심제의 절충식을 채택했다. 임시정부는 1919년의 제1차 개헌, 1925년의 제2차 개헌, 1927년의 제3차 개헌, 1940년의 제4차 개헌, 1944년의 제5차 개헌 등 다섯 차례에 걸친 개헌과정에서 줄곧 민주공화주의의 기본을 유지했다. 임시정부가 채택한 공화제의 자유주의 이념은 8·15 해방이 될 때까지 지속되고, 신생 대한민국의 헌법정신으로 이어졌다.

이시영은 일부 의정원 의원들의 복벽주의론에 맞서 민주공화제를 강력히 주장했다. 신민회의 활동과 공화주의자인 형 이회영의 영향이 적지 않았을 것이다.

상하이 임시정부는 의정원 의원의 임기를 2년으로 하고 매년 일부 의석을 개선케 하면서 새로운 충원을 통해 민의를 받아들이고 법통을 유지했다. 그러나 초기에는 대통령과 국무총리에 대한 임기규정이 마련되지 않아서 혼란이 야기되기도 했다. 이승만 대통령이 윌슨 미국 대통령에게 한국을 당분간 국제연맹의 위임통치에 둘 것을 청원한 사실과, 이동휘 국무총리가 임시정부와 상의 없이 일방적으로 소련의 레닌에게 독립운동 원조를 교섭하고 측근이 받아온 자금을 일방적으로 사용하여 둘 다 임시정부에서 물러나게 되었다.

임시정부는 1927년 제3차 개헌에서 집단지도체제인 국무령제를 채택했다. 대통령제의 1인 체제에서 집단지도체제로 바꾼 것은 이승만과 이동휘가 물러나고 지도부의 공백 상태에서 다수 인사들의 참여를 통해 화합형 정부를 만들고자 하는 고뇌의 산물이었다.

임시정부 의정원은 1919년 4월 11일 임시정부 약헌(헌법)을 공포하면서「정강政綱」도 함께 공포했다.

「정강」

　① 민족평등, 국가평등, 인류평등의 대의를 선전함.

　② 외국인의 생명재산을 보호함.

　③ 일체 정치범을 특사함.

　④ 외국에 대한 권리와 의무는 민국정부와 체결하는 조약에 의함.

　⑤ 절대 독립을 서도誓圖함.

　⑥ 임시정부의 법령을 위월違越하는 자는 적으로 함.

상하이 임시정부는 최고 수반인 국무총리 선출을 둘러싸고 심한 논란이 일었다. 내정된 국무총리 후보 이승만의 적격성에 대한 논란이었다.

이회영, 신채호, 박용만 등 무장독립운동 계열 인사들이 '위임통치론'을 제기한 이승만을 거세게 비판하고, 의정원에서 이승만이 선출되자 이들은 회의장에서 퇴장하기에 이르렀다. 이들은 외세에 의존하여 절대독립을 방해하는 사람이 새 정부의 수반이 될 수 없다는 주장을 강하게 폈다.

이승만은 상하이로 오지 않고 미국에 머물러 있었다. 한성정부와의 관계 때문이었다. 그사이 3·1혁명 이후 여러 곳에 수립된 임시정부의 통합운동이 전개되었다. 각 정부가 추대한 정부 수반이나 각료가 상호 중복되어 있고 또 국내외 각지에 떨어져 활동하고 있어 미취임 상태로 있는 경우가 대부분이었다. 따라서 각각의 임시정부는 기능이 공백상태에 빠져들었고 원활한 활동을 하기가 쉽지 않았다. 이와 같은 문제를 해결하기 위하여 단일정부로의 통합이 모색되었다.

이승만의 오만과 독선을 지켜보며

상하이 임시정부 국무총리 대리이며 내무총장인 안창호가 1919년 8월 말 임시의정원 회의에서 한성정부 및 블라디보스토크의 국민의회 정부와의 통합과 정부개편안을 제시했다. 이에 따라 수차례의 논의 끝에 9월 11일 세 개 정부의 통합이 이루어지고, 정부 수반의 호칭을 대통령으로 하는 새 헌법과 개선된 국무위원 명단이 발표되었다.

대통령　이승만
국무총리 이동휘

내무총장 이동녕

외무총장 박용만

군무총장 노백린

재무총장 이시영

법무총장 신규식

학무총장 김규식

교통총장 문창범

노동총판 안창호

통합 임시정부가 정부 수반의 호칭을 국무총리에서 대통령으로 바꾸게
된 것은 미국에 있는 이승만의 줄기찬 요구 때문이었다. 국무총리로 선출
되고서도 부임하지 않고 미국에서 활동해온 이승만은 국무총리 아닌 대
통령으로 행세했다. 그는 대통령 호칭에 강한 집념을 갖고 있었다. 미국
식 정치와 문화에 깊숙이 젖어 있어서 미국 정부의 수반 프레지던트라는
호칭이 의식에 각인된 것이다.

이승만은 상하이 임시정부 직제에 대통령 직함이 존재하지 않았고 국
무총리 직제인데도 불구하고 굳이 한글로 대통령, 영어로 프레지던트를
자임한 것이다. 사소한 문제라 여길지 모르지만 그는 헌법 위에 군림하는
오만함을 보였다. 해방 뒤 집권하여 몇 차례나 헌법을 뜯어고치고, 헌법
을 무시하면서 멋대로 통치한 것은 따지고 보면 이때부터 '헌법 위에 군
림'하는 태도에서 발원한다.

이시영은 이때부터 이승만의 오만과 독선을 지켜보았다. 그는 일보다

지위와 감투를 탐하고, 어려운 시기에 화합보다 분열을 조장했다. 해방 뒤 이승만은 자신이 대통령이 되고, 이시영이 부통령이 되었을 때에도 임시정부 시절의 작태를 조금도 바꾸지 않았다.

상하이 임시정부는 수립 초기 정부령 제1호와 제2호를 반포하여 내외 동포에게 납세를 전면 거부할 것(제1호)과, 적(일제)의 재판과 행정상의 모든 명령을 거부하라(제2호)는 강력한 포고문을 발령했다. 그리고 국내조직으로 연통제와 교통국을 설치한 데 이어 해외에는 거류민단을 조직하여 임시정부의 관리하에 두었다. 연통제는 지방행정조직이고 교통국은 비밀 통신조직이었다. 국내의 무장 및 사상 투쟁을 위하여 전국 각 군에 교통국을 두고 한 개 면에 한 개의 교통소를 설치하도록 하고, 연통제는 각 도와 각 군에 지방조직을 갖춰나갔다. 그러나 1920년 말부터 일제의 정보망에 걸려 국내의 지방조직이 파괴되고, 3·1혁명의 열기가 점차 사그라지면서 국내의 독립자금 송금과 청년들의 임시정부 참여가 크게 줄어들었다.

상하이 임시정부는 이승만 대통령 선임을 둘러싸고 외무총장 박용만과 교통총장 문창범이 취임을 거부한 데 이어 이회영, 신채호 등 무장투쟁 주창자들이 상하이를 떠나 베이징으로 올라가 버렸다. 엎친 데 덮친 격으로 1920년 국무총리 이동휘가 러시아 정부가 지원한 독립운동 자금을 독자적으로 처리하여 물의를 일으키다가 1921년에 임시정부를 떠났다. 이에 임시정부는 이동녕, 신규식, 노백린이 차례로 국무총리 대리를 맡아 정부를 이끌 만큼 불안정한 상태로 운영되었다. 워싱턴에 머물고 있던 이승만은 1920년 12월 5일 상하이에 도착했다.

임시정부 국무위원들은 이승만이 정부가 수립된 지 1년 반 만에 왔으니 임시 대통령으로서 무슨 방책을 준비해 온 것으로 믿고 기다렸으나, 그는 아무런 방안도 내놓지 못했다. 이승만에게 기대를 걸었던 임시정부 요인들은 실망하지 않을 수 없었다. 이승만은 떠나는 이들을 붙잡아 포용하려는 대신 신규식, 이동녕, 이시영, 노백린, 손정도 등을 새 국무위원으로 임명하여 위기를 넘기고자 했다. 이시영도 국무위원에 임명되었다. 그는 분란 속에서도 임시정부를 지켜야 한다는 입장이었다.

당시 만주, 간도, 연해주 등지에서는 민족독립을 위한 무장독립전쟁 단체들이 속속 결성되어 항일투쟁을 벌이고 있었다. 북로군정서, 대한독립군단, 대한광복군, 광복군총영, 의열단, 의군부, 대한신민단, 혈성단, 신대한청년회, 복황단, 창의단, 청년맹호단, 학생광복단, 자위단 등이 결성되고, 특히 신흥무관학교 출신들이 각지에서 무장투쟁을 하고 있었다.

만주 각지에서 조직된 무장독립군 세력은 연대하여 봉오동 전투(1920년 6월)와 청산리 전투(1920년 10월)를 통해 경술국치 이래 최대의 항일대첩을 이루었다. 이런 상황인데도 상하이 임시정부는 이승만의 독선과 독주로 요인들이 하나둘씩 떠나가고, 실현성이 취약한 '외교독립론'에 빠져 있었다.

이런 분란에도 불구하고 이시영은 일제패망 때까지 27년 동안 항일민족해방투쟁의 본거지로서 임시정부를 중심으로 독립전쟁을 지휘했다.

의정원, 이승만 대통령 탄핵

이승만의 독선적인 정부 운영과 무대책에 실망한 임시정부 국무위원들과 의정원 의원들은 국민대회를 준비하면서 지도체제를 대통령중심제에서 국무위원 중심제, 즉 일종의 내각책임제로 바꾸는 개헌작업을 시도했다. 이승만이 이에 반대하면서 임시정부는 더욱 분열상이 가중되고, 이를 이유로 이승만은 1921년 5월 29일 마닐라행 기선 컬럼비아호를 타고 상하이를 떠나고 말았다. 이승만의 1년 반 동안 임시정부의 활동은 이로써 사실상 끝나게 되었다. 하지만 그는 대통령직을 사퇴하지 않고 임시정부를 떠났다.

6월 29일 호놀룰루에 도착한 이승만은 민찬호 등과 대한인동지회를 조직하고, 동지회 창립석상에서 임시정부를 맹렬하게 비난했다.

이승만은 임시정부로부터 1921년 9월 29일 태평양회의(워싱턴 군축회의)에 참석하라는 지침을 받고 하와이에서 워싱턴 D.C.로 돌아왔다. 태평양회의 한국 대표단의 전권대사로 임명된 것이다. 태평양회의는 1921년 7월 11일 미국의 신임 대통령 하딩에 의해 제의되었다. 파리강화회의가 유럽 중심의 국제현안을 다룬 것에 비해 동아시아와 태평양 지역의 현안 문제를 포괄적으로 다룰 국제회의를 워싱턴에서 갖자고 제의해 일본, 영국, 프랑스, 이탈리아 등이 받아들이면서 회의가 열리게 되었다.

상하이 임시정부에서 자신의 위상이 흔들리는 것을 지켜보고 미국으로 돌아온 이승만은 워싱턴 D.C.의 구미위원부를 한국위원회The Korean Commission로 명칭을 바꾸고 이를 활동 근거지로 삼았다.

파리강화회의에 참석했던 김규식이 8월 25일 워싱턴에 도착한 것을 계기로 이승만 등이 한국위원회를 발족, 김규식을 위원장으로 위촉하고, 10월 10일 워싱턴회의에 참석하는 미국 대표에게 「한국독립청원서」를 제출했다. 12월 1일에는 다시 「군축회의에 드리는 한국의 호소」를 발표하는 등 노력했으나 제국주의 열강 국가들에게 한국의 독립문제는 안중에도 없었다. 워싱턴회의 역시 아무런 성과 없이 끝나고 말았다.

이승만은 1922년 2월 호놀룰루로 귀환했다. 상하이에 이어 워싱턴의 활동에서도 자신의 한계를 알게 되었다. 이것은 이승만이 하와이에 정착하는 배경이 되었다. 1923년 6월 이승만은 임시정부 대통령으로서는 걸맞지 않는 행사를 하여 교포 사회에 물의를 빚었다.

이승만은 1923년 6월 자신이 운영하는 한인기독학원의 남학생 12명, 여학생 8명으로 '하와이 학생 고국방문단'을 구성하고, 자신이 운영하던 학교 건축비 조달을 목적으로 호놀룰루 주재 일본 총영사관과 교섭하여, 이 학생들이 일본 여권을 갖고 한국을 방문케 했다.

이승만이 무책임하게 떠나버린 상하이 임시정부는 한때 구심점을 잃고 극심한 분열상을 보였다. 의정원은 탄핵 발의에 앞서 미국으로 건너간 이승만에게 전보를 보내 수습을 요청했으나, 그는 여전히 자신의 입장만을 고수했다.

임시정부와 이승만의 갈등은 접점을 찾지 못하고 점점 파국으로 치달았다. 이승만은 의정원의 사태수습 요구를 외면하고 결국 더 이상 답신조차 보내지 않았다. 그에게 중국에 있는 임시정부 청사는 우선 신변의 불안감을 느끼게 했고, 무엇보다 일제와 싸우는 것 자체가 무의미한 일로 인식되었다. 그의 국제 감각으로는 독립운동을 통한 일제의 타도가 비현실적이라는 생각이었다.

임시정부 의정원은 1922년 6월 10일 이승만 대통령 불신임안을 제출하여 일주일간의 토의 끝에 6월 17일 재적의원 3분의 2의 찬성으로 불신임안을 의결했다. 정부 수립 3년여 만에 임시 대통령 불신임안이 채택된 것이다. 다음은 5개항의 '불신임' 이유다.

① 임시 대통령 피선 3년에 인민의 불신임이 현저하여 각지에서 반대가 날마다 증가되며 그 영향이 임시정부에 미치는데 민중을 융화하지 못하고 감정으로만 민중여론을 배척하는 까닭에 분규와 파쟁이 조장되고 독립운동이 침체상태에 빠져 있다.

② 임시 대통령 이승만이 대미 외교 사업을 빙자하며 미주에서 동포들이 상납하는 재정을 수합하여 임의 사용했고 정부 재정을 돌아보지 않았으며, 국제연맹과 열강회의를 대상으로 하던 구미위원부 외교사무가 중단되었음에도 불구하고 헛된 선전으로 동포를 유혹하여 외교용 모집을 계속하여 그 재정으로 자기의 동조자를 매수하고 있다.

③ 국무위원이 총사직서를 제출했으나 임시 대통령이 그 사직청원서를 처리하지 못하고 몽매한 처사로 여러 번 국무총리를 임명했는데 당사자가 알지 못하게 단독적 행사를 하여 혼란을 계속할 뿐이고 아직도 정부를 정돈하지 못하고 있다.

④ 국무위원은 총사직을 발표한 다음 아직도 거취를 작정하지 못하고, 다만 임시 대통령의 처사를 기다린다고 하여 곤란한 시국에 대책 없이 앉아서 감정적 행동으로 정부 위신을 타락시키고 있다.

⑤ 이상의 사실이 임시 대통령과 국무원 불신임안 제출의 이유다.

임시의정원의 '불신임' 결의에도 이승만은 대안의 불구경하듯 했다. 무책임, 독선, 아집의 극치였다. 그는 구미위원부의 사업을 빙자하여 임시정부의 허락도 없이 독립공채를 팔아 자신과 측근들의 활동비에 충당했다.

그 뒤 1925년 3월 11일에는 임시정부 의정원 의원 곽헌, 최석순, 문일민, 고준택, 강창제, 강경신, 나창헌, 김현구, 임득신, 채원개의 명의로 '임시 대통령 이승만 탄핵안'이 발의되고, 임시 대통령 심판위원장 나창헌, 심판위원 곽헌, 채원개, 김현구, 최석순이 선임되었다. 심판위원회의 심의를 거쳐 임시의정원에서 「임시 대통령 이승만 심판서」를 의결하고 주문主文으로 "임시 대통령 이승만을 면직한다"라고 공표했다.

이시영은 이승만이 탄핵된 후 편지를 썼다. 모든 것이 그의 오만과 독선의 결과이지만, 국무위원의 위치에서 책임의 일단을 자책한 것이다. 이에 대한 답신에서 이승만은 "자신이 탄핵에 이른 것은 이동녕의 책임이고, 자신을 탄핵한 임시의정원을 해산하고 내각을 새로 조직하는 일이 어려운 일이 아니나, 인심의 추이를 살펴 단행할 계획임을 밝혔다".[68]

이승만의 편지에는 본인의 책임이나 실정에 대한 언급은 일절 없었다.

---

68 「이승만이 이시영에게 보낸 1925년 4월 22일 자 편지」, 국사편찬위원회, 『대한민국 임시정부 자료집 42: 서한집 1』, 278~279쪽.

이시영은 5년이 넘게 재무총장으로 대통령을 옹호하고 임시정부를 유지해 왔지만 이승만이 면직되고 새 내각이 들어서면서 상하이를 떠나기로 결정했다. 이시영은 그 전에 1925년 2월 25일 자로 이승만에게 보낸 편지에서 "상하이에 기거하기도 이제는 극히 어려우니 장차 다른 곳으로 옮겨가서 허물을 뉘우치며 자취를 감추고 숨어 살 계획"이라고 거취를 밝혔었다.[69] 이시영이 상하이를 떠난 후 1929년 말까지 중국 관내에서 유일당운동이 활발하게 펼쳐졌지만, 이 시기 이시영의 움직임은 자료상에서 확인되지 않는다.[70]

69 「이시영이 이승만에게 보낸 1925년 2월 25일 자 편지」, 국사편찬위원회, 『대한민국 임시정부 자료집 42: 서한집 1』, 267쪽.

70 이재호, 「대한민국 임시정부와 이시영」, 성재 이시영 선생 학술발표회 논문, 2011.

▲ 대한독립선언서(1919.3.)

　1919년 3월 이시영, 이승만, 김교헌 등 39인의 명의로 중국 지린(吉林)에서 발표된 독립선언서이다. 조소앙이 기초한 이 선언서는 대한이 완전한 자주독립국이고 민주의 자립국이라고 선포하면서, 2천만 동포들에게 국민 본령이 독립인 것을 명심할 것과 육탄혈전으로써 독립을 완성할 것을 요구하였다. 선언서 발표일은 1919년 3월 11일이다.

▲ 대한민국 임시정부 청사

이 청사는 미주 대한인국민회가 모금한 독립의연금으로 마련한 것이다. '대한민국 원년 10
월 11일 재(在)중화민국 상해 법계(法界) 하비로(霞飛路) 321호'라고 쓰여 있다. '대한민국 원
년'은 1919년을 가리킨다.

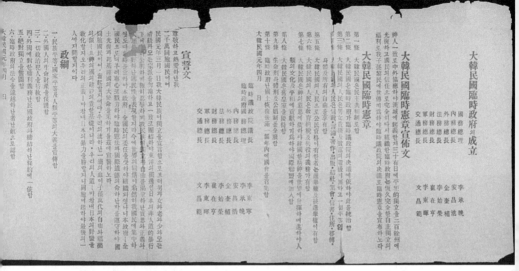

▲ 대한민국 임시헌장(1919.4)

대한민국 임시정부는 수립과 함께 제헌 헌법인 「대한민국 임시헌장」을 제정해 공포하였다. 그 후 독립운동을 효과적으로 펼쳐 나가고, 주변과 내부의 조건 변화에 대응하는 체제를 마련하기 위해 다섯 차례 개정하였다. 임시정부는 그 헌법정신에 따라 27년간 지속되었다.

제1조 대한민국은 민주공화제로 한다.

제2조 대한민국은 임시정부가 임시의정원의 결의에 의하여 통치한다.

제3조 대한민국의 인민은 남녀귀천 및 빈부의 계급이 없고 일체 평등하다.

제4조 대한민국의 인민은 종교, 언론, 저작, 출판, 결사, 집회, 통신, 주소 이전, 신체 및 소유의 자유를 가진다.

제5조 대한민국의 인민으로 공민 자격이 있는 자는 선거권과 피선거권이 있다.

제6조 대한민국의 인민은 교육, 납세 및 병역의 의무가 있다.

제7조 대한민국은 신(神)의 의사에 의해 건국한 정신을 세계에 발휘하고 나아가 인류의 문화와 평화에 공헌하기 위해 국제연맹에 가입한다.

제8조 대한민국은 구황실을 우대한다.

제9조 생명형, 신체형 및 공창제(公娼制)를 전부 폐지한다.

제10조 임시정부는 국토 회복 후 만 1개년 내에 국회를 소집한다.

▲ 대한민국 임시정부 신년축하회(1920.1.1)

1줄 왼쪽: 차균상·손두환·황일청·박지명·손정황·김형균·고일청·엄항섭

2줄 왼쪽: 김구·양헌·도인권·김여제·이유필·김병조·손정도·신규식·이동녕·이동휘·이시영
안창호·김철·김립·장건상·윤현진·신익희·이규홍·이춘숙·정인과

3줄 왼쪽: 김용정·차원여·한응화·김태준·신덕만·이규서·권태용·○·임득산·황학수·김복형
조봉길·윤창만·박인국·이원익

4줄 왼쪽: 김희준·최진석·정제형·김덕선·명순조·김영희·김보연·황진남·김홍서·정태희·김홍운
장원택·유흥환·김붕준·장신국

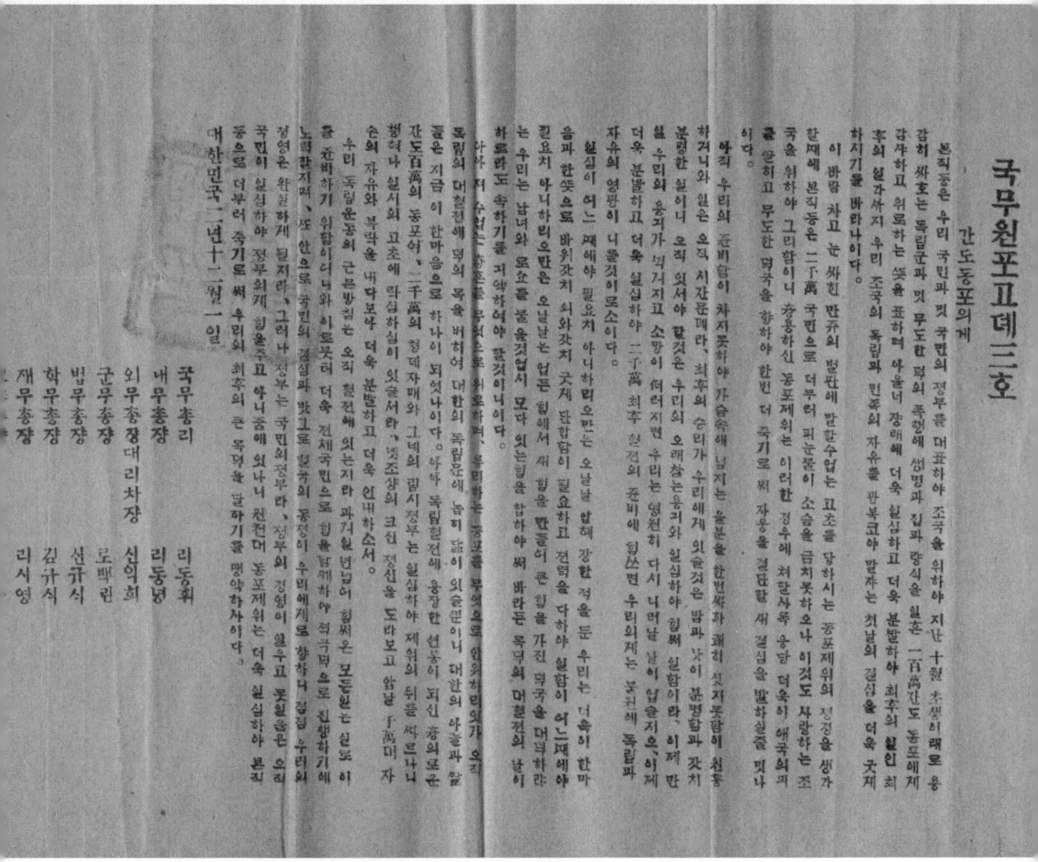

국무원포고뎨三호

간도동포의게

본직등은 우리 국민과 밋 국민의 정부를 대표하야 조국을 위하야 지난 十월 초생이래로 용감히 싸호는 독립군과 밋 무도한 뎍의 폭형에 셩명과 집과 량식을 잃흔 一百萬간도 동포에게 감사하고 위로하는 뜻을 표하며 아울너 장래에 더욱 실심하고 더욱 분발하야 최후의 일인 최후의 일각까지 우리 조국의 독립과 민족의 자유를 광복코야 말자는 첫날의 결심을 더욱 굿제 하시기를 바라나이다。

이 바람 차고 눈 싸힌 만쥬의 벌판에 말할수업는 고초를 당하시는 동포제위의 정경을 생각할때에 본직등은 二千萬 국민으로 더부러 피눈물이 소슴을 금치못하오나 이것도 사랑하는 조국을 위하야 그리함이니 츙용하신 동포제위는 이러한 경우에 처할사록 용담 더욱이 애국의피를 끌히고 무도한 뎍국을 향하야 한번 더 죽기로써 자유를 결단할 새 결심을 발하실줄 밋나이다。

아직 우리의 준비함이 차지못하야 가슴속에 넘지는 울분을 한번싸화 쾌히 씻지못함이 천통하거니와 실은 오직 시간문뎨라、최후의 승리가 우리에게 잇슬것은 밤과 낫이 분명함과 갓치 분명한 실이니 오직 잇서야 할것은 우리의 오래참는용긔와 실심하야 힘써 실함이라、이제 만일 우리의 용긔가 꺽거지고 소망이 떠러지면 우리는 영원히 다시 니러날 날이 업슬지오、이제 더욱 분발하고 더욱 실심하야 二千萬 최후 혈전의 준비에 힘쓰면 우리의게는 놉흰세 독립과 자유의 영광히 니를것이로소이다。

실심이 어느 때에야 필요치 아니하리오만는 오날날 압헤 강한 적을 둔 우리는 더욱이 한마음과 한뜻으로 바위갓치 쇠와갓치 굿게 단합함이 필요하고 전력을 다하야 실함이 어느때에야 필요치 아니하리오만은 오날날는 업든 힘에서 새 힘을 만들어 큰 힘을 가진 뎍국을 대뎍하랴는 우리는 남녀와 로소를 불을것업시 모다 잇는힘을 합하야 써 바라든 목뎍의 대혈전의 날이 하로라도 속하기를 긔약하여야 할것이니이다。

아아 저 수업는 츙혼을 무엇으로 위로하며、용맹한 동포를 무엇으로 안위하리잇가 오직 독립의 대혈전에 뎍의 목을 버히어 대한의 독립문에 놉히 달이 잇슬뿐이니 대한의 아들과 딸들은 지금 이 한마음으로 하나이 되엇나이다。아아 독립혈전에 웅장한 션봉이 되신 츙의로운 간도百萬의 동포여、二千萬의 형뎨자매와 그네의 림시정부는 실심하야 제위의 뒤를 따르나니 행혀나 실시의 고초에 락심하심이 잇슬서라、녯조상의 크신 정신을 도라보고 압날 千萬대 자손의 자유와 복락을 내다보아 더욱 분발하고 더욱 인내하소서。

우리 독립운동의 근본방침은 오직 혈전에 잇는지라 과거일년넘어 힘써온 모든일은 실로 이를 준비하기 위함이어니와 이로붓터 더욱 전체국민으로 힘을 합케하야 적극뎍으로 진행하기에 노력할지며、또 한으로 국민의 결심과 맛그로 렬국의 동정이 우리에게로 향하니 점점 우리의 정형은 완전하게 될지라、그러나 정부는 국민의정부라、정부의 정형이 일우고 못일움은 오직 국민이 실심하야 정부의게 힘을주고 아니줌에 잇나니 천만 동포제위는 더욱 실심하야 본직등으로 더부러 죽기로써 우리의 최후의 큰 목뎍을 달하기를 맹약하자이다。

대한민국二년十二월一일

국무총리 리동휘
내무총장 리동녕
외무총장대리차장 신익희
군무총장 로백린
법무총장 신규식
학무총장 김규식
재무총장 리시영

▲ **국무원 포고 제3호(1920.12.1)**

일제가 봉오동·청산리 전투에서 대패한 뒤 이에 대한 보복으로 간도 지역의 한인들을 무차별 학살한 '간도참변'이 발생하자 임시정부 국무원이 발표한 포고문이다. 간도 지역 동포들에게 위로와 감사의 뜻을 전하며 함께 항일투쟁에 매진할 것을 당부하였다.

▲ **이승만 대통령 상하이 도착 환영회(1920.12.28)**

1919년 9월 6일 대한민국 임시정부의 대통령에 선출된 이승만은 1920년 12월 5일 상하이
에 도착하였다.
왼쪽: 손정도·이동녕·이시영·이동휘·이승만·안창호·박은식·신규식·장붕

제8장

임시정부 떠났다가 다시 참여

총독부의 매수공작과 ≪개벽≫ 보도

이시영은 상하이를 떠나 다시 베이징으로 거처를 옮겼다. 고국을 떠날 때에 못지않은 무거운 발걸음이었다. 임시정부의 분열상에 국무위원의 일원으로서 책임감이 없지 않았기 때문이다.

이회영, 신채호, 박용만 등이 임시정부 최고수반에 이승만은 안 된다는 주장이 선견지명이었음을 알았다. 임시정부가 헌법을 국무령 중심의 내각책임제로 바꾸면서 입각 제안이 있었으나 맡지 않았다. 결과에 대한 책임의식에서였다.

26세 때인 1895년 상배喪配를 당하고 몇 해 뒤 재혼했으나 유하현 망명지에서 재취 부인 박씨도 세상을 떠났다. 두 번째 상배를 당한 이후 독신으로 지내왔다. 한때 주위에서 배우자를 소개했으나 받아들이지 않았다. 그는 평생 일복은 많았으나 처복은 없었다.

이시영이 임시정부를 떠났다는 정보는 밀정들에 의해 샅샅이 조선총독부에 보고되었다. '독립운동의 두목' 중의 하나로 인식해온 총독부에서는 그를 '귀환'시키려는 논의가 있었다. 1926년 가을 어느 날 총독 사이토 마코토齋藤實를 중심으로 이른바 귀족회의가 열렸다. 을사5적, 경술7적 등 매국노 30여 명이 참석했다. 그중에는 이시영과 소싯적부터 우의를 갖고 있는 자도 끼어 있었다.

그들 가운데 어떤 자가 선생을 화제로 삼았다.

"이시영은 아니 될 일을 가지고 공연히 광음光陰만 소비하며 헛된 노력을 하고 있으니 어찌 가석하다 아니하겠소. 무슨 방법을 쓰든지 서울로 데려오면 좋지 않을까요?"

그러나 그것은 심히 중대한 일이라 자기들 의사만 가지고는 불가능한 것 같았다. 그래서 그 자리에 동석한 사이토에게 이 말을 하고 의견을 물었다. 사이토가 말했다.

"그 사람이 오기만 한다면 그 신변을 보장할 것임은 물론, 만족스러울 만한 조치를 취해 주겠소."

그러자 좌중의 한 사람이 말했다.

"그 사람은 총중고골塚中枯骨이니 무슨 일을 족히 하겠소?"

이 말을 들은 이완용은 반대 의견을 말했다.

"세상일은 알 수 없는 것이오. 우리가 오늘 한 이 소리를 그 사람은 곧 들을 수가 있으나 그 사람의 동작은 우리로서 조금도 파악을 못 하니, 그렇게 속단해서 말할 것은 아니오."

앞서 말한 사람은 묵묵부답이었다고 한다.[71]

총독부의 논의는 여러 단계를 거쳐 몇 달 뒤 베이징의 이시영 측근에게 전해지고, 그가 말했다.

"어느 곳으로 유람하면 위험 없이 한성漢城에 온전히 갈 수 있을 것이며, 여생은 행복할 것입니다."

선생은 그 말을 듣는 즉석에서 꾸짖어 말했다고 한다.

"가려면 오지 않았을 것이다. 누가 나를 구축해서 보낸 것이 아니다. 내 진퇴는 내가 결정한 것이니, 여러 사람들에게 다시는 이런 말을 하지 말라고 일러라."[72]

우연의 일치인지, 귀환 공작을 감지한 것이었는지는 알 수 없지만, 국내에서 발행되는 ≪개벽≫ 1925년 8월 호에 이시영 관련 기사가 크게 보도되었다. "밧게 있는 이 생각, 이역풍상에 기체 안녕하신가"라는 제목의 특집이다. '밧게'는 밖에, 즉 해외에 있는 망명자를 뜻한다. 특집에는 조규수라는 이가 쓴 「명문名門 형아馨兒 이시영 씨」라는 글이 돋보였다.

이 기사는 서두에 이시영 일가의 빛나는 사력을 유려한 필치로 기술하면서 1910년대 이시영의 행적을 다음과 같이 기술한다.

경술의 합병이 되자 그때 조동棗洞 곧 지금의 황금정 1정목에 있는 자택

---

71 박창화, 앞의 책, 67~68쪽.
72 앞의 책, 68쪽.

을 방매하야 가지고 창의문 밖 세검정으로 이사를 하기에 우리는 그 선생이 이제부터는 홍진紅塵을 하직하고 석천石泉의 주인이 되려는가 했더니 그해 겨울에 별안간, 그 선생의 6형제가 모두 이 반도 안에서 종적이 묘연하다고 모든 세인이 떠들어대다가 그 이듬해 봄에야 만주 성경성 통화현 합니하라 하는 지방에 가서 새로 전접하고 신흥학교를 설립하여 청년을 인도한다, 경학사라는 단체를 조직하여 교육과 산업의 병진책을 여러 동지로 더불어 연구한다 합디다.[73]

다음으로 임시정부 국무위원과 관련한 내용이다.

중국의 혁명 풍운이 일어서 원세개의 공화정부가 새로 성립되자 구주의 대전이 발발하여 온 세계가 기름 냄비와 같이 끓으니까 무슨 선후책이나 얻어 볼까 하고 북경으로 갔다, 봉천으로 왔다 이리저리 분주왕래하야 갖은 풍상을 다 지나다가 기미의 삼일운동이 반도 8성에 세차게 넘쳐흐름을 따라 여러 동지가 임시정부를 상하이에 설립하고 재무총장이라는 중대한 사명으로 부르니까 의무상에 사피辭避할 수 없다는 결심으로 분연히 가서 성심으로 천신만고를 무릅쓰고 나아가는 것이 7년의 성상을 일일과 같이 지나온 것이지요.[74]

---

73   ≪개벽≫, 1925년 8월 호.

74   앞과 같음.

이 잡지는 출간되면서 곧 총독부에 의해 압수되었다.

한국독립당 창당, 감찰위원장 맡아

정세의 변화는 이시영의 '칩거'를 오랫동안 용인하지 않았다. 1927년 4월 중국에서는 장개석이 상하이에서 쿠데타를 일으켜 난징정부를 수립하고, 10월에는 모택동이 정강산에 근거지를 구축했다. 국내에서는 이에 앞서 1926년 4월 순종이 붕어하고, 6월에는 6·10만세운동이 일어났다. 1927년 1월 좌우연합으로 신간회가 발족했다.

중국 관내 독립운동 진영에서는 1926년 12월 김구가 임시정부 국무령에 취임하면서 그동안 혼란했던 체제가 바로잡히게 되고, 의열단원 나석주가 서울의 식산은행과 동양척식회사에 폭탄을 투척하고 일제 경찰과 교전 끝에 자결했다.

1929년 3월 만주의 독립운동기관 정의부, 참의부, 신민부가 지린성에서 제2차 통합회의를 열고 국민부로 통합했다. 명분은 교민자치 기관임을 내세웠으나 무장독립운동 단체의 통합이었다. 9월에는 재만한인 중앙의회를 개최하고 자치와 혁명을 분리하여 자치는 국민부가, 혁명은 민족유일당 조직을 개편하여 조선혁명당이 담당키로 했다. 이해 국내에서는 11월 3일 전라도 광주를 중심으로 대대적인 학생운동이 일어났다.

민족진영 독립운동가들에게 충격적인 사건은 1927년 중국의 제1차 국공합작이 결렬되면서 공산주의 세력이 급격히 성장하고, 이의 영향으로 독립운동계의 사회주의 세력이 비대해지면서 임시정부에 대한 비판의 강도가 강화되었다는 것이다. 이에 맞서 태동한 것이 한국독립당이다.

좌익계는 민족 계열에 도전적인 자세를 취하여 대한민국 임시정부의 노선을 비판하는 등 모든 일에 사사건건 물고 늘어져 민족진영은 대한민국 임시정부를 유지하기 위해서라도 이들에 대항할 수 있는 회합을 결성해야 하는 긴박한 상황에 놓이게 되었다. 그리하여 이시영을 비롯한 백범, 이동녕, 조완구, 윤기섭, 조소앙, 안창호 등이 상하이 프랑스 조계 대한민국 임시정부 판공처에서 한국독립당을 결성하기에 이른 것이다.[75]

한국독립당은 김구와 이시영 등 임시정부 정통세력이 처음으로 만든 임시정부의 방계 조직이다. 이시영은 감찰위원장에 피선되었다.

이러한 시대적 요구에 의해 조직된 한국독립당은 민족진영의 쇄신을 도모하고 지방적, 파벌적, 학문적 감정을 청산하여 해외 독립운동 전선의 통합을 기약하려는 큰 뜻을 또한 갖고 있기도 했다. 그러나 이 당은 초기에는 당력을 보강하기 위해서 정세를 예의주시하고 있다가 1931년 4월부터 한국독립당의 공식적 활동이 시작되었다. 그리하여 이제 대한민국 임시정부의 활동은 정당을 중심으로 하는 새로운 국면으로 접어들게 되었던 것이다.[76]

---

75 추헌수 편, 『자료 한국독립운동 2』(연세대학교 출판부, 1971), 86쪽.

76 이은우, 앞의 책, 143쪽.

한국독립당의 기본강령은 국가의 독립을 보위하며 민족의 문화를 발양할 것, 계획경제를 확립하여 균등경제의 복된 생활을 보장할 것, 전 민족의 정치기구를 세워서 민주공화의 국가체제를 완성할 것, 국비교육시설을 완비하여 기본지식과 필요기능을 보급할 것, 평등호조를 원칙으로 하는 세계일가를 실현하도록 노력할 것 등이었다. 한국독립당의 기본이념은 삼균주의를 토대로 하고 있었다.

선전 활동의 일환으로 ≪한보韓報≫, ≪한보특간韓報特刊≫, ≪상해한문上海韓聞≫, ≪진광震光≫ 등을 발행했다. 광동 지부는 ≪한성韓聲≫을 별도로 발행했다. ≪한보≫는 한국독립당에서 발행한 최초의 기관지였다. 한인들에게 독립사상과 민족의식을 고취하기 위하여 발행되었으며, 미주하와이에 거주하는 한인교포들에게도 발송되었다. ≪한보특간≫은 ≪한보≫의 자매지로 "일본제국주의의 흑막을 폭로하고 독립당의 정체正體와 한중 두 나라의 우의를 고취하기 위한" 목적이었다.

한국독립당은 집단지도체제의 중앙집권제였다. 중앙조직은 중앙당부와 구회區會, 지회支會의 형태를 갖추었으며, 이사장제를 채택했다. 이사장은 10명 내지 13명으로 구성된 이사회를 대표하고 당무를 집행하는 당의 최고 책임자였다. 한국독립당의 초대 이사장에는 이동녕이 추대되고 1932년 4월 윤봉길 의거 이후에는 송병조가 이사장에 선출되어, 1935년 7월 한국독립당이 해체될 때까지 역임했다.

중앙당부는 최고의결기구인 당대표대회와 이사회, 감사로 구성되었다. 당대표대회는 각 구회와 지부의 대표들이 참가하는 회의로, 중앙당부의 간부 인선 및 당의 주요 업무를 심의, 결정하는 기구였다. 당대표대회는 한국독립당이 결성된 이후 두 차례의 임시 대표대회를 포함하여, 모두 아홉 차례 개최되었다. 이사회는 당의 업무를 협의 추진하는 운영기구였다. 이시영은 당이 해체될 때까지 이사직을 맡았다.

한국독립당은 임시정부를 지원하는 조직 및 선전 활동뿐만 아니라 일제의 요인 처단이나 적기관의 파괴와 같은 의열투쟁을 명시하고 실행했다. 상하이에 있는 일본 신사神社에 폭탄을 던진 강병학 의거를 시작으로 1932년 3월 말에는 상해한인청년단의 이덕주, 유진만, 유진식을 조선총독 우가키宇垣를 처단할 목적으로 국내로 파견했다. 또한 4월에는 유상근과 최홍식을 다롄大連으로 파견하여, 일본 관동군 사령관 혼조와 만철총재 우치다 폭살을 계획했다.

비록 이들의 의거 계획은 좌절되었지만, 한민족의 강렬한 독립의지와 항일의식을 일깨우는 데에 충분했다. 산하 단체로 상해한인청년단, 상해한인애국부인회, 상해한인여자청년동맹, 상해한인청년동맹 등이 있었다. 산하 단체들은 당원 모집과 양성 기관 역할을 수행했다.

1935년 7월 민족혁명당 창당에 참여하면서 해체되었다. 한국독립당은 1920년대 중반 중국 관내지역 민족유일당 운동의 결실로서 민족주의 진영의 대표적인 독립운동 정당이었다. 임시정부의 여당 역할을 수행하면서, 많은 선전활동과 의열투쟁을 전개했다.[77]

77　조범래, 「한국독립당」, 『한국독립운동사사전 7』(독립기념관, 2004), 346쪽.

윤봉길 의거 뒤 피신했다가 임시정부 재건에 참여

1932년 4월 29일 상하이 홍구공원에서 일어난 윤봉길 의거로 임시정부는 물론 한국독립당 요인들도 더 이상 상하이에 머물 수 없는 상황이 되었다. 김구에게는 거액의 현상금이 붙고, 여타 요인들도 일경이 눈에 불을 켜고 뒤쫓았다.

1919년 4월 대한민국 임시정부가 수립될 때부터 상하이는 우리 독립운동가들의 요람이 되었다. 외국 조계가 있어서 신변보호가 가능했던 것이다. 이제 13년 만에 제2의 고향과도 같았던 이곳을 모두 떠나야 했다. 피신은 각자도생의 길이었다.

이시영은 멀리 북쪽 국경 지대로부터 남으로는 창사長沙에서 윈난雲南까지 피신생활을 했다. 1933년 여름, 서호西湖에 머물고 있을 때 임시정부 국무위원이던 송병조와 차리석이 찾아왔다. 두 사람은 이시영에게 임시정부와 한국독립당이 모두 존재조차 없이 되었으니 중심에서 새로운 방안을 모색해 줄 것을 요청했다. 이에 대한 이시영의 의견이다.

원래 기미 3·1혁명 당시 임시정부가 탄생할 적에 선열들의 뜨거운 피가 얼마나 많이 뿌려졌소. 그리고 정부가 건립된 후로도 수많은 애국지사가 계속적으로 희생되었음은 다 잘 아는 사실이 아니오. 일본인이 우리나라를 병합하고 세계를 정복하고자 하는 망녕된 생각을 품을 때 가장 유감된 바는 대한민국 임시정부라는 간판을 없애지 못한 것이오. 미약하나마 국제상으로는 일황을 대항함이 쉴 새 없을 뿐 아니라, 일본인의 물자와 군사력을 소모

시킨 것도 막대하오.

수년간 모든 난관을 무릅쓰고 내가 정부를 지켜온 것은, 순국 선열들의 영령이 내 머리 위에서 질책하시는 듯 두렵고 송구하다는 것을 깨달았기 때문이었을 뿐, 내 일신의 고통을 돌볼 여유가 없었던 까닭이었소. 염량炎凉을 따라 모이고 흩어짐이 상도常道가 없고 사상에 현혹되어 이합하고 표변하는 무리들이 각기 책임을 다하거나 직분을 지키지 못하여 이 지경에 이른 게 아니겠소.

그렇지만 정부나 당의 일은 단독으로 결정하는 것이 아니니, 난징南京에 있는 김구나 자싱嘉興에 있는 이동녕을 방문하고 협상協商하는 것이 좋을 듯하오.[78]

이시영은 어느 때 어느 곳에서도 자리나 감투를 탐하지 않았다. 그래서 늘 양보하고 겸양하면서 주어진 위치에서 헌신했다. 리더형이기보다 참모형에 가깝다. 안분지족安分知足의 선비다.

얼마 뒤 이시영은 자싱에서 김구, 이동녕, 송병조, 차리석, 조완구, 김붕준, 양우조 등과 만나 주석 자리는 윤번제로 하는 등 임시정부 개조에 합의하고 임시정부를 재건하는 데 일역을 아끼지 않았다. 이때에 국무위원 겸 법무위원으로 천거되었다.

임시정부가 출범한 이래 어느 때라고 평탄한 시절이 없었지만, 윤봉길 의거 뒤 항저우에서 지낸 기간(1932년 4월 13일 ~ 1935년 11월 24일) 3년 7개

---

78 박창화, 앞의 책, 74~75쪽.

월은 그야말로 형극의 길이었다.

일제의 끈질긴 추적과 함께 독립운동가들이 천지사방으로 흩어져 있어 국무회의나 의정원 회의가 정상적으로 열리기도 쉽지 않았다. 그런 시기에 이시영은 정신적 지주가 되고 폭넓은 아량으로 사람들을 끌어모았다. 그래서 임시정부가 명맥을 유지할 수 있었다.

제9장

중국인의 한국사 왜곡에 『감시만어』 집필

황염배가 왜곡한 조선 역사

이시영은 1933년 여름 여전히 쫓기는 신분이면서 어렵게 상하이를 찾았다. 일본군이 주둔한 정세를 살피고 지인들을 만나 정보를 나누기 위해서였다. 그러던 어느 날 서점에서 눈에 띄는 책 한 권을 뽑았다.

중국인 황염배黃炎培의 『조선朝鮮』이었다. 내일 일을 알 수 없는 망명객이지만 중국인이 고국의 이름을 따서 쓴 책이라 관심이 없을 리 없었다.

이시영은 문필가나 학자 출신이 아니기에 남긴 글이 거의 없다. 황염배의 책을 읽고 그 잘못된 내용을 반박하여 쓴 『감시만어感時漫語』가 유일하다. 책의 부제가 '박황염배지한사관駁黃炎培之韓史觀'이었다.

먼저 황염배는 어떤 인물인가? 근대 중국의 교육학자로 일본에서 유학하고, 신해혁명 뒤 상하이에 중화직업교육사를 설립하는 등 당시 중국 정계와 교육계에서 크게 활동했다. 중국공산당 계열로서 해방 뒤에는 중화인민공화국 정부의 정무원(지금의 국무원) 부총리, 전국정치협상회의 부주석 등을 역임한 인물이다.

황염배는 다롄에서 일본인 한학자 마쓰사끼 등의 도움으로 만철 부설 다롄도서관에 소장된 한국 관련 자료와 총독부가 만든 통계 및 보도자료를 수집한 다음 총독부 주선으로 한국을 방문했다.

"1927년 10월 11일에 부부 동반으로 다롄에서 한국으로 향발하여 서울, 인천, 수원, 평양 등 여러 지방을 여행한 뒤 한 달 뒤에 다롄으로 돌아왔다. 그리고 같은 해 11월 초부터 120일, 즉 1928년 3월까지 4개월 남짓한 작업을 거쳐 『조선朝鮮』이라는 제목의 한국 개설서를 완성했고 다시 1년 후인 1929년 9월에 당시 중국 최대의 민영 출판사로 손꼽히는 상하이의 상무인서관商務印書館에서 위 책을 출간했다."[79]

본문 5장에 부록 1장까지 355쪽에 달하는 이 책은 제1장 서언, 제2장 천연적 조선, 제3장 과거의 조선 및 조선사람, 제4장 현재의 조선, 제5장 현재의 조선사람, 부록 조선의 중화교민 등으로 구성되었다.

실제로 황염배는 위 책자에서 일본식민당국의 한국 통치를 소위 '선정善政'으로 주장하면서 결론적으로 이미 일본과 동등의 고등교육권을 향유하게

---

79   권혁수, 「근대 이후 중한 양국의 상호인식」, ≪사회과학논집≫, 제38집 제1호 (2007).

된 한국인들도 모름지기 피를 흘리는 무장투쟁보다는 학문적 노력을 통해 그 어떤 강국도 감히 업신여겨 볼 수 없는 위치에 도달하는 것이 약자로서 취할 수 있는 '광명대도光明大道'라고 호소함으로써 사실상 일제의 한국식민 통치를 찬양하면서 한민족의 항일구국투쟁 자체를 근본적으로 부정했다(황 염배, 1929: 14).

따라서 일제 식민당국의 식민통치자료를 바탕으로 편찬된 위 책에 한국 의 역사와 문화 및 민족 특성에 대한 온갖 오류와 편견이 가득할 수밖에 없 었는데, 그중에는 물론 일제 식민당국이 의도적으로 왜곡하여 안내 및 소개 한 영향도 있겠지만 전통적인 중국 중심적 시각의 영향도 곳곳에서 찾아볼 수 있었다.[80]

황염배는 일제의 앞잡이가 되고 전통적인 중화사상에 길들여져서 조선 역사를 송두리째 왜곡하는 내용을 담았다.

황염배는 「조선국호계통도朝鮮國號系統圖」에서 고구려, 백제, 신라를 모두 일본속日本屬으로 표시했으며, 심지어 검증이 안 된 임나任那도 기록하면서 일본령이라고 하고 있다.

「일본여중국세력지병진日本與中國勢力之竝進」에서도 일제 식민사학계의 주장을 그대로 반영하고 있다. 곧 신공황후와 임나일본부를 언급하면서 일 본이 한반도 남쪽을 지배했다는 사실을 인정하고 있다.

---

80 앞과 같음.

나아가 고구려 장수왕이 백제를 침공하여 멸망시키려 하자 일본이 특별히 임나의 일부인 웅진熊津을 할애하여 그 나라를 유지시켜 주었고, 고구려역시 일본에 사신을 보내어 조공했다고 기술했다. 그러나 그는 당시 조선의실정을 잘 알고 있었다. 그는 조선이 일본에 병합되는 과정과 그 후 조선인의 독립운동에 대해서도 요령 있게 서술하고 있다.[81]

이시영은 비록 쫓기는 몸이지만 중국 사회에서 비중 있는 황염배의 책을 읽고 끓어오르는 분노를 참을 길이 없었다. 좀처럼 화를 내지 않고 가슴 아픈 일이 있어도 내색을 하지 않는 성품이지만, 이번만은 달랐다.

책을 구입하여 은신처인 항저우杭州로 돌아와서 이를 비판하는 『감시만어』를 저술했다. 그가 서둘러 책을 쓴 것은 단순히 개인적인 분노 이상의 이유가 있었다.

이시영이 『감시만어』를 저술할 수밖에 없었던 이유를 그 자신의 인식과당시의 임시정부가 처한 시대적 상황에서 찾아야 한다고 본다. 그가 오랫동안 임시정부의 재정을 담당해 오면서 느낀 것은 자금부족 상태에서는 독립운동이 더 이상 발전을 기약할 수 없다는 점이다. 그는 임시정부가 자금부족 상태를 벗어나면서 할 수 있는 최선의 독립운동 방략은 중국과의 합작에 의한 대일항전이라고 생각했다.

그래서 그는 되도록 중국과의 관계가 원만히 이루어지기를 원했다. 그렇

---

81   정욱재, 「이시영 『감시만어』 연구」, ≪한국사학사학보≫, 4, 2001년 9월.

기 위해서는 무엇보다 조선인이 중국인에게 일본의 주구走狗가 아닌 중국과 함께 일본에 대항하는 동반자라는 인식을 주어야만 했다. 이 점에서 중국인에게 영향을 미칠 수 있는 황염배 같은 인물이 조선과 조선인을 왜곡하는 저술을 남긴 것은 기대에 상반되는 것이었다.[82]

역사 왜곡에 대응한 역사 평론 집필

윤봉길 의거는 중국인의 항일 신념을 고무시켰을 뿐만 아니라, 중국이 한국독립운동을 확실하게 지원하도록 만들었다. 이로 인해 중국내의 한국독립운동은 하나의 전환점을 맞게 되었다.[83]

이렇게 한중 두 나라가 모처럼 공동의 적인 일제 타도를 위해 연대해야 할 시기에 황염배와 같은 인물의 엉뚱한 책이 한중 우호관계에 좋지 못한 영향을 줄 것을 염려한 것이다.

이시영이 이 책을 쓸 때는 66세였다. 제목은 당시의 상황을 보고 느낀 것 ('감시感時')을 깊은 사고 없이 감정에 따라 나오는 대로 어지럽게 '말한다漫語'는 의미를 담는다고 했지만 "이시영의 역사인식과 목적의식이 투영된 일종의 역사평론서라고 할 수 있다."[84]

---

82   정욱재, 앞의 책.

83   손지과(孫志科) 외 저, 조일문 역, 『피어린 27년 대한민국 임시정부』(건국대학교 출판부, 1994), 133쪽.

이시영은 『감시만어』의 저술 동기를 책머리에서 밝혔다.

계유년(1933년) 여름 우연히 중국 사람 황염배가 쓴 『조선』이라는 책을 읽은 일이 있다. 그런데 그 문체의 거친 말투나 허황된 표현이 우리로 하여금 취사선택하게 할 것이 너무나 많다. (……) 그중에서도 황 씨의 글은 꽤 정력을 기울인 것 같으나 역시 어긋나고 그릇된 점이 아주 많았다. 그래서 한국인이 볼 때에 어느 편을 보더라도 황 씨가 일본인을 대신하여 일본을 선양한 듯한 느낌이 들어 메스껍기 이를 데 없다. 따라서 이제 군자의 의리로서 그의 실책을 간략하게 힐책하고 나서 관견을 덧붙일까 한다.[85]

이시영은 이 책에서 황염배가 한국과 한민족에 대해 왜곡한 부분을 조목조목 논박했다. 구체적인 항목은 다음과 같다.

기자箕子의 봉국封國

한민족 문화의 유래

일본의 신공황후神功皇后에 관한 이야기

한국사람의 지덕

한국사람의 창조력

한국 화폐관에 대하여

84　정욱재, 앞의 책.

85　이시영, 『감시만어』(일조각, 1983), 1쪽.

배화감정排華感情을 촉발시킨 음모

집회, 결사에 관하여

장량張良이 역사力士를 초빙한 것에 대한 고거考據

백이伯夷의 수양산首陽山

대원군 행정

고대로부터 근대에 이르는 한국통사 또는 한국문화사의 거의 모든 내용을 망라한 것인데, 그러한 방대한 내용의 고증과 바로잡기 작업이 중국 망명지에서 참고문헌을 비롯한 최소한의 연구조건도 갖추지 못한 최악의 여건에서 이루어졌다는 사실 자체가 성재 선생의 민족 사랑과 나라 사랑의 깊고 높음을 잘 보여주었다.[86]

중국에 대한 우정 어린 질책과 황염배의 의도성 비판

피난지의 망명객에게 자료나 사료가 있을 리 없다. 젊은 시절의 공부와 관직에서 물러난 후 읽었던 우리 역사의 지식을 바탕으로 반박문을 썼다. 중국에서, 중국인들을 상대로 하기 때문에 한문으로 지었다. "왜곡된 역사를 바로잡는다誣史辨正"라는 정신이었다.

『감시만어』는 "약 50퍼센트는 한국과 중국의 우호론 내지 연대론을 주장

---

86 정욱재, 앞의 책.

하는 내용이고 25퍼센트는 황염배의 『조선』을 비판하는 내용이며 나머지 25퍼센트는 대종교적 역사인식에 따라 역사적 사실을 기술했다."[87]

먼저 중국인들에 대한 '우정 어린 질책'이다.

이제 한국 사람들은 오랫동안 나라를 잃어버린 경험을 해오면서 바야흐로 새로운 살길을 찾아 나서고 있는데, 중국 사람들은 한국인의 발자취를 뒤따라 밟아오면서 아직도 둥지 속의 제비와 같은 단꿈에 젖어 있으니 이것이야말로 정녕 나의 괴로움으로 겨를이 없는데 다시 다른 사람의 슬픔까지 보태어지는 것인즉 어찌 끝없는 통한으로 울고 싶어도 눈물마저 없는 것이 아니겠는가?

삼가 뜨거운 눈물 가득히 중국의 인사들에게 경고하련다. 앞으로 한국 사람들의 복국 사업을 마치 자기 집안일처럼 대해주어야 하며 더 이상 일시적인 흥분으로 시작만 있고 끝이 없어서는 안 되며, 또한 어느 한 구석의 재난을 구제하는 것처럼 겉치레 말만 질펀하게 하면서 책임을 회피하려고 하지 말고 반드시 진실된 마음과 진실된 힘으로 그 일을 원조해 주어야 할 것이다. 중국은 일찍 청나라光緖 때부터 한국으로 말미암아 쇠약해지기 시작하면서 마침내 위태로워졌는데, 따라서 중국을 구하려면 반드시 먼저 한국을 구해야 한다. 이는 논리학에 있어서 삼단논법인 것이다.[88]

---

87   정욱재, 앞의 책, 주석 44.
88   권혁수, 앞의 책, 재인용.

이시영의 중국의 '간사한 소인배들'에 대한 질책과 우호협력의 중요성은 계속 이어진다.

하늘이 혹시 우리 두 민족에게 복을 내려주어 세상을 구할 큰 별을 내어주실지는 모르겠지만 옛 말씀에 백성이 원한다면 하늘도 이에 따른다고 했고 또 인재를 다른 시대로부터 빌어 올 것이 아니라고 했거늘 비록 지금의 세상이라도 어찌 세상을 구제할 인물이 없겠는가?

이어서 원하건대 두 나라 인사들이 과거의 실패를 뉘우치고 그런 일이 장차 다시 일어나지 않도록 삼가 경계하면서 허심탄회하게 함께 도모하고 생사의 일선의 같은 처지에서 마치 자석이 바늘을 끌어당기듯이 지내어 간사한 소인배들이 투기하면서 장난하지 못하게 한다면, 비록 지금은 칠흑 같은 긴 밤이라 온전하게 살아갈 길이 없는 것 같지만 한 점의 서광이 대지를 밝게 비추고 있으니 국권을 회복하여 활약할 그때가 결코 멀지 않음을 알 수 있다.[89]

다음으로 황염배의 '일본 미화'에 대한 비판이다.

황염배 씨가 호기심을 갖고 다시 한국을 방문하여 한국사를 기술하여 거울로 삼자고 한 것은 물론 그 본의가 역사의 실상을 왜곡하자는 것은 아니었겠지만 결과적으로 오로지 일본을 대신하여 저들의 거짓된 인仁과 위선의

---

89 앞과 같음.

설을 선양하게 되었던 것이다. 특히 이상한 것은 우리나라의 고전을 조사하고 유풍을 탐방하면서 어찌하여 은인문사隱人文士들을 찾지 않고 일본사람들의 일방적인 말에만 오로지 의존했으니 그야말로 본本을 버리고 말末을 좇으며 사실을 버리고 그릇된 것만 입증하는 것이 되었다.

황씨가 참고로 사용한 소위 행정연감은 일본의 범죄행위의 기록에 해당하는 책이었고 저들의 허상을 자랑하기 위한 비본秘本을 절세의 희귀본으로 알고 자랑하고 만족스러워 하는 것은 결국 일본사람들의 말투를 따라 한국을 모욕하는 셈이 된다. 일본사람들을 상대로 한국사의 진수를 검토하겠다는 자체가 너무 질성을 모르고 하는 짓으로서 여우와 더불어 그 가죽을 도모하려는 것과 다름이 없었다.[90]

『감시만어』에 대해 연구한 학자들은 이시영이 이 책을 저술하면서 다른 자료(사료)는 몰라도 대종교의 자료를 참고, 인용한 것으로 분석한다.

이시영이 크게 참고한 『신단민사神檀民史』는 김교헌이 대종교 신자의 입장에서 근대적 민족주의를 바탕으로 하여 유교 중심, 중국 중심의 국사체계를 부인하고, 배달족이라는 단일민족을 설정하여 민족사 체계를 통사로서 구성한 책이다. (……) 따라서 이시영은 대종교의 영향을 받아 종교적인 믿음이 결부된 대종교적 민족주의 사관이라 할 수 있다.[91]

---

90 권혁수, 앞의 책.

91 정욱재, 앞의 책.

이시영은 망명기에 대종교 신도가 되고 해방 뒤 환국하여 분망한 시기에 활동하면서도 대종교에 깊이 관여했다. 『감시만어』의 저술은 이 같은 사관에서 저술되었다고 할 것이다.

독립운동가 중에는 빼어난 사학자가 적지 않았다. 박은식, 신채호, 김교헌, 장도빈, 정인보 등이 꼽힌다. 이시영은 누가 봐도 사학자는 아니다. 그럼에도 불구하고 『감시만어』에 나타난 기록은 전문 사학자 못지않은 전문성과 독창성이 적지 않게 보인다.

그는 유학자 출신이면서도 실학적, 실용주의적 역사인식을 갖고 이 책을 저술했다. 다음의 내용을 주목해 보자.

조선왕조에 이르러 고려 때의 상무정신을 꺼리는 폐습이 생겨 전적으로 수문일도修文一道에만 치달아 대현大賢과 거유巨儒가 각 세대를 거쳐 계승했으며, 유도儒道가 홍장되고 문덕이 보급되었으나, 정도에 너무 경주한 나머지 후생에 결欠한 바가 되고 돈학지사는 인의와 성리의 과목만을 힘쓸 뿐 달권과 변통의 방법에 대해서는 생각이 미치지 못했다.

그러한 결과 자양紫陽의 조백糟粕으로 지리멸렬하다가, 이것이 다시 변하여 노예의 도습으로까지 화했으니 저 역사적으로 전승되어 오던 강의하고 활발한 기풍은 일소되어 볼 수 없게 되었으니 이 어찌 한탄스럽고 애석한 일이 아니겠는가.[92]

---

92 이시영, 『감시만어』(일조각, 1983), 26쪽.

이시영은 1930년대 초반의 시각에서 국내외의 이른바 '신지식인들'을 비판한다.

요사이 자칭 문명한 신지식인으로서 세계 대사에 통요한 외교인들이 강국의 위세 앞에서는 습복을 하거나, 꼬리를 치고 불쌍히 여겨줄 것을 애걸하면서도, 자국민 앞에서는 교만을 부리는 자들과 대원군 당시의 일을 어찌 비교할 수 있겠는가?[93]

그는 한말 국난기 자신이 몸담았고 지켜보았던 정계, 특히 이완용과 송병준 그리고 왕실 척족을 겨냥한다.

조선조정은 수차례의 변란을 맞으면서도 징전비후懲前毖後의 대책을 강구하지 못하고 흥방계성興邦啓聖의 덕이 없었으니, 광무의 말기 10년간은 악하고 혼탁한 부패정치로 조선개국 이래 가장 혹독하고 심각했던 시기였다.
매국의 적으로 이완용과 송병준의 도배들을 사람들은 지적한다. 그러나 나라는 점점 망해가고 있는 판국에 김씨 외척이 씨를 뿌리고, 민씨 족속들이 더 완숙시켜 놓았으므로 이들은 이루어진 결과를 받아들인 데 불과하다고 했다.[94]

---

93 앞의 책, 32쪽.
94 앞의 책, 47~48쪽.

이시영은 대단히 역사에 밝고 박학다식했다. 그리고 우리글에 대한 자부심이 대단했다.

정평구鄭平九의 비차飛車는 임진왜란 때 진주목사 김시민이 사용하여 왜군 3만 명을 섬멸시켰는데, 이 비차는 가죽으로 만들었고 4명이 탈 수 있으며, 생김새가 마치 나는 황새와 닮았다고 한다. (……) 아무튼 비차는 세계 항공의 비조鼻祖이다. 한국의 문자를 말하자면, 상고시대부터 전해져 내려오는 것이 많은데 마치 진나라의 전자篆字나 범자梵字 같은 것이어서 사용하기에 불편한 것이었다.

하늘이 내리신 거룩한 임금이신 세종대왕께서 (……) 멀리는 고대의 문자형을 본뜨시고 새로운 글자를 창조하셨는데, 기묘하고 신통하여 세계의 온갖 인간과 물질의 음향을 옮기는 데 조금도 부족하거나 정확하지 않은 점이 전혀 없으므로 동서고금의 문자 가운데 그 우두머리가 되었다.

러시아의 어느 학자는 한글을 아주 과학적이며 수학적이어서 세계에서 이와 견줄만한 문자가 없다고 했으며, 영국이나 미국의 인사들도 한국은 보배롭고 귀한 문자를 가진 나라라고 격찬했다. 원세개는 오랫동안 서울에 주재한 바 있는데 한글의 영묘한 이치를 배워서 깨닫고 그가 중화민국 대총통을 지낼 때 한글을 채용하여 널리 중국에 시행하자는 주장을 폈었다.[95]

이시영은 총 23장, 70여 쪽『감시만어』를 1년여 만에 1934년 3월 항저

---

95   앞의 책, 22~23쪽.

우의 여관에서 집필하여 100여 부를 찍어 중국 각지의 유명 서점에 배포했다. 국내에서는 49년 만인 1983년에 일조각에서 번역본이 햇빛을 보게 되었다.

이시영은 『감시만어』를 통하여 황염배가 잘못 인식하고 기술한 조선의 역사를 변정辯正하면서 한국사의 독자성과 주체성을 강조하고 있다.[96]

글이나 책은 언제 어디에서 누가 왜 무엇을 썼느냐가 중요하나 이시영이 망명지에서 『감시만어』를 쓰고 있을 때 국내에서는 최남선, 이병도 등이 참여하고 조선총독부가 만든 조선사편수회에서 우리 역사를 왜곡하는 『조선사』 37책, 『조선사료총간』 20종, 『조선사료집진』 3책 등을 간행했다. 모두 식민주의 역사학, 즉 식민사관에 기초를 둔 책들이다. 이시영의 책은 잊혀지고, 식민사학자들이 만든 자료집은 해방 뒤 한국사학계의 '사료'가 되었다.

선생은 필자(황염배)의 위인이 조야하고 비루하여 무식함을 보고 같잖게 여겨 웃었다. 그러고는 항주의 여저旅邸에 돌아와서 붓을 들었다.
선생은 우리나라의 반만 년 전통인 풍속, 정치, 사회, 경제, 문화 등 모든 방면에 대하여 역사적으로 증거가 뚜렷한 실상을 약술하여, 우리 한국이 비록 충분히 개발되지 못한 단점이 전혀 없지는 않으나, 황염배가 본 것과 같

---

96 정욱재, 앞의 책.

은 한국은 결코 아니라는 것을 논박하고 있다.[97]

『감시만어』는 이시영 한 개인의 역사의식을 파악하는 데 중요한 자료일 뿐만 아니라 사학사의 관점에서 볼 때도 상당한 의미가 있다.

첫째, 중국에서 출간된 대종교적 역사인식에 기반을 둔 역사평론서이다. 중국인이 저술한 조선학 총론의 성격을 띤 저서를 중국에서 한국인의 입장에 서서 반박한 최초의 저서이기 때문에 더욱 의미를 지닌다.

둘째, 『감시만어』는 임시정부 요인인 이시영이 저술했다. 임시정부를 이끈 민족주의 우파 지도자들 중에서 역사 관련 계통의 저서를 간행한 사람은 이시영이 유일하다. 또한 이 저서로 인하여 당시 민족주의 우파 지도자들이 지닌 역사인식의 일단을 규명할 수 있게 되었다.

셋째, 그동안 민족주의사학을 연구하던 대상이 주로 한정된 사람과 한정된 저서에 국한했으나 『감시만어』의 출현은 그 외연의 확대에 대한 필요성을 제기한다.

그러나 『감시만어』에서 설명하고 있는 역사적 사실들이 지금의 입장에서 볼 때, 오류와 황당한 면이 보인다. 그가 역사학자가 아닌 탓도 있겠지만, 엄밀한 사료비판과 실증이 필요한 자료를 그대로 준용했다는 점은 『감시만어』가 지닌 가장 큰 결점이다.[98]

---

97   박창화, 앞의 책, 76쪽.

98   정욱재, 앞의 책.

省齋 李 始 榮 著

感 時 漫 語

(駁黃炎培之 韓史觀)

一 潮 閣

▲ 이시영의 저서 『감시만어』. 일조각에서는 1983년에 출간되었다.

▲ 윤봉길 의거 때 폭탄을 만들어준 상해병공창의 중국인 왕백수 부부

앞줄 왼쪽: 왕백수 부인·김구·왕백수
뒷줄 왼쪽: 엄항섭·박찬익

제10장

임시정부의 이동 시대

한국국민당 창당에 앞장 서

이시영의 개인사는 임시정부의 역사와 중첩된다. 고통의 길이고 고난의 여정이었다. 대륙의 정세는 크게 변하고 있었다. 일제가 1931년 9월만주를 침략한 데 이어 상하이를 점령하고, 이듬해 3월 만주괴뢰국을 수립했다. 그리고 1933년 10월에는 국제연맹을 탈퇴했다. 같은 해 1월 히틀러가 독일의 수상이 되었다.

중국 대륙은 일본군의 전쟁놀이터로 변해갔다. 철도와 해안을 중심으로 하는 거점 도시가 차례로 장악되고, 침략의 최종 목표인 심장부를 향해가고 있었다. 반면 중국은 장개석의 국민당군과 모택동의 공산당군이 왜적 앞에서 벌이는 내전을 멈출 줄 몰랐다.

항저우도 위협받게 되면서 어렵사리 임시정부를 재건했던 이시영과임시정부 요인들은 다시 이삿짐을 쌌다. 1935년 11월 25일을 기해 전장鎭江으로, 이후 다시 창사, 광저우, 류저우, 치장綦江, 충칭으로 계속해서옮겨 가는 이동 시대가 되었다. 제2차 세계대전 발발 후 유럽 국가들이 대부분 짧은 기간 영국에 망명정부를 세운 데 비해 대한민국 임시정부는 27년 동안 무려 7차례나 이동해야 하는 고난을 겪었다. 중국 대륙을 종횡한 셈이다.

이 기간 이시영은 정부의 주석이나 의정원의 의장 등 수장을 맡지는 않고 국무위원, 의정원 의원, 재무부장, 정당 간부 등에 머물렀으나, 그의 존재는 민족진영의 결속을 위한 구심 역할을 하는 데 모자라지 않았다. 임시정부가 활기차게 운영될 때는 그의 존재가 희미하고, 어려울 때에는 돋보였다. 그런 의미에서 '광이불요'란 표현이 적합하다.

임시정부는 1935년 11월 25일 다시 전장으로 이동했다. 여기서 또 한 차례 위기를 겪게 되었다. 사회주의 계열은 1932년부터 다시 제기된 좌우합작 운동의 결과로 1934년 1월 개최한 한국대일전선통일동맹 제1차 대표대회에서, 동맹을 해체하고 통일전선 정당으로서 단일정당(민족혁명당)을 결성키로 했다. 좌파 계열뿐만 아니라 의열단, 미주지역 독립운동가, 신한독립당 인사들이 두루 참여한 민족혁명당에는 한국독립당 소속의 임시정부 국무위원 7명 중 5명까지 참여함으로써 임시정부는 존립의 위기에 봉착했다. 이번에도 이시영의 숨겨진 역량이 발휘되었다. 무엇보다 송병조, 차리석과 협의하여 임시정부를 이끌어갈, 공석 중인 국무위원을 보선하는 일을 서둘렀다.

1935년 11월 2일에 열린 임시의정원 회의에서 국무위원 보선을 실시하여 이시영을 비롯하여 김구, 이동녕, 조완구, 조성환 5명을 국무위원으로 선출했다.[99]

이렇게 5명을 충원하여 기존의 송병조, 차리석과 함께 국무위원은 7명으로 법적 요건을 갖추게 되었다. 국무회의는 이동녕을 주석으로 선출하고 내무장 조완구, 외무장 김구, 군무장 조성환, 법무장 이시영, 재무장 송병조, 비서장 차리석을 각각 선임했다.[100]

민족혁명당의 등장은 우파 민족진영에 일대 위기였다. 그들은 공공연히 임시정부의 해체를 주장하고, 과거 임시정부에 몸담았던 인사들도 하나둘씩 그쪽으로 옮겨갔다. 이시영과 임시정부를 재정비한 이들은 1935년 11월 한국국민당을 창당했다.

한국국민당은 이사장제를 채택하여 김구를 이사장으로, 이동녕, 손병조, 조완구, 차리석, 김붕준, 안공근, 엄항섭 등 7명의 이사를 뽑았다. 이시영은 조성환, 양우조와 함께 감사를 맡았다. 국무위원 전원이 당의 간부직을 맡게 된 것은 당의 비중을 높이는 측면도 없지 않지만, 이 시기 임시정부의 인물난에도 원인을 찾을 수 있다.

한국국민당의 이념은 혁명적 수단으로 국토와 주권을 광복하여 신민주공화국을 건설하고, 삼균주의가 실현되는 세계일가를 건설한다는 내용이다. 창립 선언에서 "한 줌의 땅도 되찾지 못하고 쇠사슬의 유린에 울부짖는 동포들의 울음소리가 여전히 계속되고 있는" 것은 "우리들의 잘못에도

---

99 「임시의정원 제28회 의회 속회」, 국사편찬위원회, 『대한민국 임시정부 자료집 2 임시의정원 1』, 293쪽.

100 《대한민국 임시정부 공보》 제60호, 국사편찬위원회, 『대한민국 임시정부 자료집 2: 헌법공보』, 190쪽.

중요한 성분을 갖고 있다"[101]라고 자성했다.

한국국민당은 국내외 동포들에게 혁명적 의식을 고취시키기 위해 ≪한민韓民≫, ≪한청韓靑≫, ≪전선前線≫ 등의 기관지와 각종 유인물을 통한 선전활동을 전개했다. ≪한민≫은 한국국민당의 기관지로서 1936년 3월 15일 자로 창간호를 발행했다. ≪한민≫은 두 종류가 발행되었다. 창간호 이후 1938년 4월 3일의 제17호까지는 '상해한민사'의 명의로 발행되었으며, 1940년 3월 1일 자로 발행된 것은 '한국국민당 선전부'의 명의로 발간되었다. ≪한청≫은 한국국민당의 산하단체인 '한국국민당청년단'의 기관지이다. 1936년 8월 27일 자로 창간호가 발행되었다. 이후 1937년 6월 15일에 제2권 제4호까지 간행된 사실이 확인된다. 한국국민당청년단에서는 1939년 4월 1일 자로 충칭에서 ≪청년호성靑年呼聲≫을 발행했고, 청년단 상하이 지부에서는 1937년 9월 ≪전고戰鼓≫를 발행했다.

다시 의정원 의원으로 선출되고

1930년대 중반 중국은 두 진영의 패권쟁투 속에 일제가 욱일승천의 기세로 점령지를 넓혀나갔다. 중국 관내의 우리 독립운동 진영은 우파의 한국국민당과 좌파의 민족혁명당 세력으로 양분되어 대일 투쟁의 역량을 분산시키고 있었다.

임시정부가 머물고 있는 전장도 안전한 지역이 못되어 1937년 11월 14

---

101   김정주, 『조선통치사료 10』, 1976, 783쪽.

일 창사로 이동했다. 2년간 머물던 전장을 떠나 다시 더 내륙 깊숙이 들어간 것이다.

이동 시기 임시정부의 법무장과 한국국민당의 감사로 활동하던 이시영은 임시의정원 의원으로 선출되어 정부의 체제를 확고히 하는 데 힘을 쏟았다. 이시영은 이미 임시정부를 수립하는 제헌의회 의원으로 활동한 바 있다. 이후 법무총장과 통합 임시정부의 재무총장을 맡으면서 의정 활동에서는 손을 떼었었다.

이시영이 다시 의원에 선출된 제29회 임시의정원 회의는 1936년 11월 10일 자싱의 임시처소에서 열렸다. 이날 회의는 새로 선출된 의원의 자격 심사가 통과되기 전까지는 의장 송병조 외에 조완구, 양우조, 차리석, 김붕준 등 5명의 의원으로 회의가 열렸다. 자격심사 결과 윤봉길 의거 이후 임시정부를 떠나 있던 김구를 비롯하여 이시영, 조성환, 엄항섭, 민병길, 안공근, 안경근, 왕중량, 이동녕 등 9명의 의원이 함께 회의에 참석했다.

이동시기 임시의정원은 10명도 되지 않는 의원으로 겨우 명맥만을 유지하고 있었는데, 한국국민당 결성 이후 새로운 인원이 참여하면서 의정활동도 활기를 띠었다. 임시의정원은 이후 한국국민당에 의해 운영되었다고 할 수 있다.[102]

이시영이 창사에서 임시정부의 일을 하고 있을 때인 1937년 7월 7일 일

---

102 이재호, 앞의 논문.

제는 중일전쟁을 일으켰다. 1931년 9월 만주침략으로 사실상 전쟁상태였으나, 일본군이 베이징 교외 루거우차오蘆溝橋에서 군사행동을 도발하면서 본격적인 중일전쟁이 시작되었다.

일본군은 선전포고도 없이 총공격을 개시하여 삽시간에 베이징, 톈진에 이어 국민당 정부의 수도 난징을 점령하고, 30만 명이 넘는 무고한 시민을 난징에서 학살했으며 우한武漢, 창사 등 주요 도시 대부분을 점령했다. 중국은 장개석이 공산당의 항일 민족통일전선 결성의 호소를 받아들임으로써 제2차 국공합작이 이루어졌다.

독립운동가들에게 중일전쟁은 바라던 일이었다. 양국의 전면전으로 중국 정부에는 항일전의 전위인 임시정부의 존재가 더욱 소중해졌다. 당연히 지원도 따랐다. 차츰 '원조'에서 '협조'의 태도로 바뀌었다. 전황은 일본군의 우세로 중국군은 계속 밀리고 있었다.

임시정부는 1938년 7월 17일 광저우로, 다시 1938년 10월 30일 류저우로, 1939년 5월 3일 치장으로 이동했다. 중국군의 이동에 발맞춰 활동본거지를 옮긴 것이다. 그리고 1940년 9월 국민당 정부의 수도인 충칭으로 이동하여 일제 패망 때까지 5년 2개월간 머물렀다.

이시영은 어느덧 70대의 고령에 이르렀지만 망명 이래 어느 때보다 활기차게 활동했다. 생전에 조국광복의 날이 있을까 고심해 왔는데, 미구에 그런 날을 보게 될 것 같았다. 그뿐만 아니었다. 독립운동가들은 이념과 정파를 떠나서 기대했던 상황변화에 따라 대동단결하여 일제와 결전해야 한다는 데 뜻을 모았다. 임시정부가 그 중심이 되고 있었다. 그렇다고는 해도 오랫동안 독립운동의 방략과 노선, 인맥이 다르고 이해관계가 얽힌 사람들이 한 울타리로 모이는 것은 결코 쉬운 일이 아니었다. 우선 중국 관내에서 활동하는 정당의 통합이 요구되었으나 역시 난관이 많았다. 이런 시기에는 이시영과 같은 존재가 필요했다. 자리에 연연하지 않고 화합형이며 포용력이 있었기 때문이다. 다음과 같은 일화가 있다.

당시 같은 계열의 3당인 국민당, 만주독립당, 만주조선혁명당 등이 셋으로 분리되어 이를 통합하는 문제는 그 이전까지만 해도 그렇게 수월했던 것은 아니었다. 특히 김구 주석과 홍진 의장이 며칠 동안이나 논쟁을 벌여도 결론을 내리지 못하자 성재는 시 한 수를 그들에게 보내어 자신의 답답함을 토로했다. 즉, "몇 사람 때문에 일에 지장이 생기는데, 너무 자기 고집만 피우지 말고 일이 되도록 하라"이다.[103]

이시영은 3당 통합을 이루는 중재자 역할을 충실히 하고, 마침내 항일민족주의전선이 결성되었다. 하지만 민족운동 진영의 통합은 이것이 첫걸음일 뿐이었다. 보다 큰 목표로 민족혁명당을 비롯한 아나키스트, 좌파 계열까지 모두 통합하는 과제가 남아 있었다.

다시 임시정부 살림을 맡은 재무부장에

일제는 1941년 12월 7일 하와이 진주만을 기습 공격함으로써 태평양전

---

103   『독립운동사』 제4권, 「임시정부사」, 681쪽.

쟁을 일으켰다. 독립운동가들이 예상했던 일이 현실화되었다. 임시정부는 많은 사람이 참여하도록 하기 위해 우선 정부의 직제를 개편하기로 했다. 이미 1942년 10월 열린 임시의정원 회의에서 조선민족혁명당, 조선민족해방동맹, 조선혁명자연맹 인사 16명을 새로 의정원 의원으로 선출하여 의정원을 대폭 확대했다. 지금까지는 임시정부 계열 출신들만이었던 의정원이 명실상부한 '통일의회'로 바뀌게 되었다.

충칭에 자리 잡은 임시정부는 할 일이 많아졌다. 미일전쟁이 시작되면서 총력전에 대비하여 지도체제를 변경하기로 했다. 전시체제를 갖추기 위해 집단지도체제를 단일지도체제로 바꾸기로 한 것이다. 이를 위해 개헌이 필요했고, 새 헌법(약헌)에 따라 의정원 회의에서 김구를 행정수반인 주석으로 선출했다. 이어 실시된 선거에서 이시영, 조완구, 조소앙, 차리석, 조성환, 박찬익을 국무위원으로 선임하고, 국무위원회에서 행정 각부의 장을 호선했다. 이때 선출된 각료 명단은 다음과 같다.

주석　　　 김구
내무부장 조완구
외무부장 조소앙
군무부장 조성환
법무부장 박찬익
재무부장 이시영
비서장　　차리석

이시영은 칠순이 넘은 나이에 다시 재무 책임을 맡았다. 임시정부 창립 당시에 이어 두 번째다. 그때나 지금이나 임시정부를 운영하기 위해서는 자금이 필요했고, 그 막중한 역할을 다시 맡게 된 것이다. 더욱이 지금은 임시정부의 살림살이가 엄청나게 늘어나고 1940년 9월에 창설된 광복군의 경비까지 맡게 되면서 재원조달이 중요한 과제였다.

이 시기 이시영은 물론 임시정부는 출범 이래 가장 분주하고 많은 일을 했다. 1941년 12월 10일 김구 주석과 조소앙 외무부장 명의로 「대한민국 임시정부 대일선전성명서」를 발표했다. 국치 31년 만에 우리 정부가 일본에 정식 선전포고를 한 것이다.

이에 앞서 11월 28일에는 임시정부 국무위원회 명의로 「대한민국 건국강령」을 채택했다. 일제 패망 후 고국에 새로운 정부를 세울 때 실행할 주요 정강과 정책을 담은 내용이다. 1940년 9월 17일 광복군이 창설되면서 김원봉이 이끄는 조선의용대가 광복군에 편입되었다.

일제의 패색이 짙어가면서 연합국의 수뇌, 즉 미국 루스벨트 대통령, 영국 처칠 수상, 중국 장개석 총통이 카이로에서 전후 처리문제를 논의할 때, 임시정부는 장개석을 통해 '카이로선언'에서 한국의 독립을 확실히 약속받았다. 임시정부가 해낸 중요한 업적으로 꼽힌다.

카이로선언은 그동안 분열과 대립을 거듭해 온 독립운동계에 자극제가 되었다. 공전을 거듭하던 임시정부 의정원 회의가 정파 간에 타협의 분위기로 돌아선 것도 이 같은 정세의 변화에 힘입은 바 컸다.

각 정파는 1944년 4월 21일 제26차 의정원 회의를 열어 '임시헌장(헌법)'을 개정하여 4월 29일에 이를 통과시켰다. 개정된 '임시헌장'에서도 주석의 권한을 강화하여 비상시국에 대처하도록 하면서 김구를 주석에 연임시켰다. 행정부는 국무위원회와 행정연락회로 이원화했다.

국무위원회에는 독립운동의 영수들과 각 정당의 대표자들을 안배하여 정책결정의 기능을 하도록 하고, 정책집행과 행정사무는 주석이 임명하는 각 부장이 맡도록 했다. 정쟁을 완화하기 위해 마련한 타협의 소산이었다.

또 부주석제를 신설하여 외교 분야에 능력을 갖춘 조선민족혁명당 위원장 김규식을 뽑고, 역시 같은 당 핵심인 김원봉을 군무부장에 선임했다. 정파 간의 안배가 크게 작용한 인선이었다. 이때에 선임된 임시정부 요인의 명단은 다음과 같다.

주석　　　　　 김구
부주석　　　　 김규식
국무위원(14명) 이시영, 조성환, 황학수, 조완구, 차리석, 장건상, 박찬
　　　　　　　 익, 조소앙, 김붕준, 성주식, 유림, 김성숙, 김원봉, 안
　　　　　　　 훈(본명 조경한)

임시정부가 1919년에 수립된 이래 좌우 정파의 지도급 인사들이 망라해 참여한 것은 이번이 처음이었다. 한국독립당, 조선민족혁명당, 해방동맹, 아나키스트들까지 참여한 것이다. 여기에는 이시영의 숨은 역할이 적지 않았다. 그는 언제나 '광이불요'의 존재였다.

▲ **국무위원(자싱 嘉興, 1935.11.7)**

임시의정원은 항저우에서 이동녕·이시영·김구·조완구·조성환을 신임 국무위원으로 선임
하고 국무회의를 개최하였다.
앞줄 왼쪽: 조완구·이동녕·이시영
뒷줄 왼쪽: 송병조·김구·조성환·차리석

▲ 한국국민당 창립 기념(자싱, 1935.11.7)

1935년 11월 항저우에서 결성된 한국국민당은 한국독립당·조선혁명당 등과 더불어 1930
년대 중반 이후 중국 관내(關內, 산해관 남쪽)에서 민족주의 진영을 대표하는 독립운동 정당
이었다.
앞줄 왼쪽: 송병조·이시영·김구·이동녕·엄기순(엄항섭 딸)·조완구
뒷줄 왼쪽: 엄항섭·양소벽·○·안공근·차리석·조성환

▲ 임시정부 요인과 가족들(자싱, 1936)

어린이 왼쪽: 엄기순·엄기선·엄기동(엄항섭 딸과 아들)
앞줄 왼쪽: 송병조·이동녕·김구·이시영·조성환
뒤줄 왼쪽: 연미당(엄항섭 부인)·엄항섭·조완구·차리석·이숙진(조성환 부인)

▲ 임시정부 국무위원 포고문(1937.8.20)

대한민국 임시정부의 국무위원들이 동포들에게 호소하는 글이다. 이 글은 '중일전쟁이 발발하였으니 왜적에게 우리의 원수를 갚아 부끄러움을 씻고 자유독립의 국가 광복을 이루게 될 기회'라고 강조하면서 '있는 힘을 다해 중국을 돕자'는 내용이다. 또 '왜적에게 손해를 주는 일이면, 큰일이든 작은 일이든 될 수 있는 대로 힘쓰자'는 내용도 담고 있다.

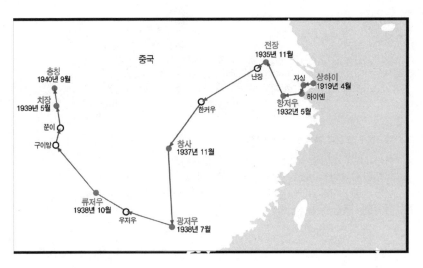

▲ 이동경로

▲ 조선의용대 성립 기념(우한 武漢, 1938.10.10)

조선의용대는 1938년 우한에서 김원봉의 주도로 창설되어 항일운동에 큰 전과를 올렸다.
1930년대 초부터 독립운동 세력이 중국국민당과 협조하여 항일 역량과 대중(對中) 신뢰 관
계를 쌓아왔기 때문에 가능한 일이었다. 그 뒤 1942년 봄 조선의용대 일부 대원이 한국광복
군 제1지대로 개편·흡수되었고, 주력은 1942년 7월 화북조선독립동맹(華北朝鮮獨立同盟)이
지도하는 조선의용군(朝鮮義勇軍)으로 개편되었다.
첫줄 왼쪽: 이익성·엽홍덕·신악·이집중·한지성·주세민·박효삼·김성숙·윤세주·최창익
　　　　김원봉·이해명·권채옥·김위

▲ 임시정부 주석 이동녕 장례식(치장 綦江, 1940.3.17)

이동녕(1969.10.6~1940.3.13)은 충남 천안에서 출생하였다. 1891년 응제진사(應製進士) 시험에 합격하였다. 1896년 독립협회에 가담하여 구국운동을 전개하였다. 1905년 을사늑약이 체결되자 대한문 앞에서 연좌시위를 벌여 조약의 무효와 파기를 선언하다가 체포되어 2개월간 감옥생활을 하였다. 1906년 만주 북간도 용정촌으로 망명하여 사립학교인 서전의숙을 설립하였다. 1907년 안창호·양기탁·전덕기·이동휘·이갑·유동열 등과 신민회를 조직하였다. 1910년 만주 서간도 요녕성 유하현 삼원보로 망명하여 이회영·이상룡 등과 경학사를 설립하고, 신흥무관학교 초대 교장에 취임하였다. 1919년 4월 10일 임시의정원의 초대 의장에 선임되었다. 1935년 세 번째로 임시정부 주석이 되었으며, 이때 이시영·조성환·조완구·차리석·송병조·양우조·엄항섭 등과 한국국민당을 조직하여 당수가 되었다. 1939년 또다시 주석에 취임해 김구와 함께 전시내각을 구성하고 시안에 군사특파단을 파견하였다. 1940년 3월 72세를 일기로 사천성 치장에서 영면하였다. '임시정부의 큰 어른'으로 존경받아 온 그의 장례는 '국장(國葬)'으로 치러졌다.

▲ 한국독립당 제1차 중앙집행위원·중앙감찰위원 전체 촬영(치장 綦江. 1940.5.16)

임시정부가 치장에 도착한 직후인 1939년 8월 좌우익 진영의 7개 정당 및 단체가 단일당을 결성하자는 목표 아래 7당통일회의를 개최하였다. 그러나 통일의 방법과 정치적 이념의 차이를 좁히지 못한 채 결렬되고 말았다.

민족주의 세력은 1930년대 중반 이래 김구를 중심으로 한 한국국민당, 조소앙과 홍진이 주도하던 재건한국독립당, 지청천을 비롯하여 만주에서 이동해 온 독립군 출신들이 주축이 된 조선혁명당으로 나뉘어져 있었다. 이들 3당은 정치적 이념이 크게 다르지 않았고, 임시정부를 옹호·유지해야 한다는 입장도 같았다. 이들 3당은 1940년 5월 8일 공동명의로 3당 해체 선언을 하고 한국독립당을 창당하였다.

앞줄 왼쪽: 김붕준·지청천·송병조·조완구·이시영·김구·유동열·조소앙·차리석
뒷줄 왼쪽: 엄항섭·김의한·조경한·양소벽·조시원·김학규·고운기·박찬익·최동오

▲ **한국혁명여성동맹 창립 기념(1940.6.17)**

임시정부 요인 가족이 중심이 되어 조직한 여성독립운동단체이다.
1줄 왼쪽: 이헌경(민필호 어머니)·정정화(김의한 부인)·이국영(민영구 부인)
　　　　김효숙(송면수 부인)·방순희(김관오 부인)·김정숙(고시복 부인)
　　　　김병인(이준식 부인)·유미영(최덕신 부인)
2줄 왼쪽: 손일민 부인·조용제(조소앙 동생)·오영선(조소앙 부인)·송정헌(유평파 부인)
　　　　정정산(오광선 부인)·오건해(신건식 부인)·최동화(최동오 부인)
　　　　김수현(이광 부인)·노영재(김붕준 부인)
3줄 왼쪽: 윤용자(지청천 부인)·이상만 목사 며느리·이숙진(조성환 부인)
　　　　최선화(양우조 부인)·오광심(김학규 부인)·연미당(엄항섭 부인)
　　　　최형록(조소앙 부인)·이순승(조시원 부인)

▲ 한국광복군 총사령부 성립전례식 후 한중대표들의 기념촬영(1940.9.17)

왼쪽: ○·○·○·○·○·홍진·지청천·김구·차리석·○·이시영·○·○·○·조완구
이 성립전례식에는 200여 명의 관계자 및 내빈이 참석하였다. 총사령부 직원들을 비롯하여
임시정부·임시의정원·한독당의 간부들 전원이 참석하였다. 중국 측 인사로는 충칭위수사령
관 류치(劉峙), 국민당 충칭시당부에서 왕관지(汪觀之), 충칭시 경찰국의 동방백(東方白), 중소
문화협회 장서만(張西曼) 등을 비롯하여 국민참정회의 주은래(周恩來)·동필무(董必武), 오철성
(吳鐵城) 등이 참석하였다. 또 충칭에 있던 외교사절 및 신문사 대표들도 참석하였다.

▲ 충칭 임시정부 청사

제11장

일제 패망과 환국 전후

임시정부의 마지막 국무위원

짙은 어둠이 새벽을 예비하듯이 일제 광란의 침략주의는 서서히 종막을 향해 치닫고 있었다. 1944년 6월 연합군이 노르망디에 상륙하고 8월에는 파리를 해방시켰다. 이해 11월 미군이 일본 본토 공습을 시작함으로써 일제 패망은 시간문제로 다가왔다.

마침내 1945년, 4월 30일 히틀러 자살, 5월 2일 베를린 함락, 7월 16일 미국 원자폭탄 실험 성공, 그리고 7월 26일에 일본의 무조건 항복과 카이로선언에서 결정한 한국의 독립을 다시 확인하는 포츠담선언이 4개국 수뇌회담에서 발표되었다.

이 시기를 전후하여 충칭의 임시정부는 부산하게 움직였다. 1944년 4월에 열린 제36회 임시의정원 회의에서 임시정부의 약헌을 개정한 「대한민국 임시헌장」을 통과시켰다.

앞에서 언급했듯이 부주석제를 신설하여 민족혁명당을 이끌어온 김규식을 옹립하고, 국무위원도 14인으로 증원하여 새로운 인사들을 선임한 데 이어 행정부서의 경우 군무부와 문화부를 민족혁명당에서 맡았다. 임시정부 창립 이래 이루어낸 좌우연합정부의 성과였다.

이시영은 이번 조각에서는 부장직을 사양했다. 연부역강한 독립운동가들을 신내각에 다수 기용함으로써 환국하여 새 정부 수립에 힘을 보태게 하려는 배려였다. 그 대신 무임소 국무위원직만은 계속 맡아 임시정부의 정통성을 유지코자 했다. 1944년 6월 6일 새로 구성된 임시정부의 직임은 다음과 같다.[104]

주석	김구
부주석	김규식
국무위원(14명)	이시영, 조성환, 황학수, 조완구, 차리석, 박찬익, 조소앙, 안훈, 장건상, 김붕준, 성주식, 유림, 김원봉, 김성숙
외무부장	조소앙
군무부장	김원봉
재무부장	조완구
내무부장	신익희
법무부장	최동오
선전부장	엄항섭
문화부장	최석순

104　『대한민국 임시정부 공보』, 국사편찬위원회, 294~295쪽.

임시정부가 한국광복군을 창설하고 일제에 선전을 포고하면서 최후의 일전에 나설 때, 1945년 8월 6일 히로시마에 원폭이 투하되고 3일 뒤 나가사키에 두 번째 원폭이 투하되었다. 그리고 8월 15일 일왕은 포츠담선언의 수락, 즉 무조건 항복을 선언했다.

임시정부는 일제의 항복 소식을 듣고「임시정부의 당면 정책」14가지를 제시했다. ① 임시정부는 최속 기간 내에 입국할 것, ② 미국, 소련, 영국 등 우방과 제휴하고 연합국 헌장을 준수할 것, ③ 국내에 건립될 정식 정권은 반드시 독립국가, 민주정부, 균등사회를 원칙으로 할 것, ④ 독립운동을 방해한 자와 매국적賣國賊의 처단 등이 담겼다.

독립운동 지도자들에게 일제의 항복은 지옥에서 부처님을 만난 격으로 구원과 해방의 복음이었지만, 다른 한편 우리 힘으로 왜적을 물리치지 못하고 연합국의 힘을 빌린 데 대해 향후의 나라 사정을 걱정하지 않을 수 없었다.

이시영도 다르지 않았다. 8·15 해방을 맞아 기쁨과 걱정이라는 양가적兩價的 심경으로 귀국을 준비했다. 돌이켜 보면 나라가 망한 해 41세의 나이로 망명하여 일제강점기 만 35년을 해외에서 떠돌다 어느덧 76세에 해방을 맞게 되었다. 그 대부분의 세월을 임시정부와 함께했다. 다음은 임시정부에서 역임한 이시영의 경력이다.[105]

105　『독립운동사』, 8,『문화투쟁사』, 186~187쪽.

대수	기간	직위
1대	민국 01년(1919년) 04월 ~ 민국 01년(1919년) 05월	법무총장
2대	민국 01년(1919년) 06월 ~ 민국 04년(1923년) 08월	재무총장
3대	민국 04년(1923년) 09월 ~ 민국 06년(1925년) 04월	재무총장
4대	민국 06년(1925년) 05월 ~ 민국 06년(1925년) 12월	재무총장
10대	민국 12년(1931년) 11월 ~ 민국 13년(1932년) 11월	국무위원
13대	민국 17년(1935년) 10월 ~ 민국 21년(1939년) 10월	국무위원
14대	민국 21년(1939년) 11월 ~ 민국 22년(1940년) 10월	국무위원
15대	민국 22년(1940년) 10월 ~ 민국 24년(1942년) 11월	국무위원 겸 재무부장
16대	민국 24년(1942년) 11월 ~ 민국 26년(1944년) 04월	국무위원 겸 재무부장
17대	민국 26년(1944년) 04월 ~ 민국 27년(1945년) 08월	국무위원

「살아남은 자의 슬픔」

독일 출신으로 나치와 싸우다 해외에서 반나치 운동을 한 망명 작가 베르톨트 브레히트의 시에 「살아남은 자의 슬픔」(김광규 옮김)이 있다. 1944년 작품이다.

「살아남은 자의 슬픔」

물론 나는 알고 있다. 오직 운이 좋았던 덕택에

나는 그 많은 친구들보다 오래 살아남았다.

그러나 지난 밤 꿈속에서 이 친구들이

나에 대하여 이야기하는 소리가 들려왔다.

"강한 자는 살아남는다."

그러자 나는 자신이 미워졌다.

브레히트는 시어에 나오는 '그 많은 친구들'로 모스크바에서 병사한 슈테펀, 스페인 국경에서 자살한 베냐민, 베를린 시대의 영화감독 코흐 등을 꼽았다.

이시영의 '살아남은 자의 슬픔'은 달랐을 것이다. 6형제 중 자신만이 살아남았기 때문이다. 굶어 죽은 형도 있었고 뤼순감옥에서 고문으로 숨진 형도 있었다. 영양실조로, 병들었으나 치료는커녕 약값이 없어서 죽은 형과 형수들 그리고 독립전선에서 행방불명이 된 조카들이 있었다. 재혼하고 얼마 후 함께 망명했던 재취 부인도 병사했다. 가족과 일가뿐만 아니라 수많은 동료, 지사들이 희생되어, 해방의 날을 맞지 못했다.

김구 주석 등 임시정부 요인들은 1945년 11월 5일 장개석 정부가 내준 비행기를 타고 5시간 만에 충칭에서 임시정부가 출범했던 상하이로 돌아왔다. 그러나 국내 귀환을 위해 미국이 보내주기로 한 비행기는 상하이에 머문 지 18일 만인 11월 23일에야 도착했다. 이날 김구 등 1진 15명은 미군 C-47 중형 수송기편으로 3시간 만에 김포공항에 도착했다. 그나마 2진은 1주일 후 군산공항을 통해 귀국했다. 국내에는 임시정부 환영준비위원회가 구성되어 있었으나 미군정 측은 이를 알리지 않아 공항에는 환영객 하나 없었다.

미군정은 임시정부 요인들을 개인자격으로 귀국케 하는 등 임시정부를 인정하지 않았다. 그리고 미국에 있던 이승만은 10월 16일 미국 태평양방면 육군총사령관 맥아더가 주선한 비행기를 타고 도쿄를 경유해 서울에 도착했다. 미 육군 남조선 주둔군 사령관으로 임명된 존 하지 중장은 이승만이 일본 도쿄에 도착했을 때 그를 만나러 일본까지 가서 맥아더와

3인회담을 가진 데 이어 대대적인 귀국환영대회를 열었다. 임시정부 요인들의 환국과는 크게 대조되는 일이었다.

미국은 투철한 민족주의자인 김구 등 임시정부 요인보다 친미성향이 강한 이승만을 처음부터 점찍고 크게 우대했다.

임시정부 요인들은 환영준비위원회에서 마련한 경교장과 한미호텔에 머물면서 해방정국에 대처했다. 12월 19일 대규모의 '임시정부 개선 환영식'이 열렸다. 미군정은 냉대했지만 국민은 임시정부 요인들을 뜨겁게 환영했다. 식장에는 조선음악가협회가 제정한 「임시정부 환영가」가 우렁차게 울려 퍼졌다.

「임시정부 환영가」

　　원수를 물리치고

　　맹군이 왔건만은

　　우리의 오직 한 길

　　아직도 멀었던가

　　국토가 반쪽이 나고

　　정당이 서로 분분

　　통일 없인 독립 없다

　　통일 만세 통일 만만세

　　30년 혁명투사

　　유일의 임시정부

그들이 돌아오니

인민이 맞이하여

인제는 바른 키를

돌리자 자주독립

독립 없인 해방 없다

통일 만세 통일 만만세

해방정국, 임시정부 국무위원으로 활동

해방정국에서 이시영은 임시정부 국무위원의 신분이었으나 미국이 임시정부를 부인하고 개인 자격으로 귀국할 것을 요구하면서 임시정부 요인들은 '개선장군'이 되지 못한 채 쓸쓸하게 환국했다.

이시영이 맞은 해방정국과 정부 수립 그리고 이승만 정권기에 겪은 영욕은 따지고 보면 임시정부가 부인되면서 비롯되었다. 형제들과 함께 망명하여 만주에 신흥무관학교를 세우고, 임시정부를 수립할 때 법무총장으로 참여한 이래 임시정부를 잠깐 떠나 있었던 때를 제외하고 일제 패망 때까지 20년 넘게 임시정부를 지켜온 그에게 임시정부는 독립운동의 근거지일 뿐 아니라 생애의 모든 자산이었다. 많은 독립운동가들이 이런저런 사유로 임시정부를 떠날 때도 그는 법무총장, 국무위원 겸 법무위원, 한국독립당 감사, 재무부장, 의정원 의원, 국무위원 등을 차례로 역임하면서 대부분의 시기 임시정부를 지켰다.

월남 이상재는 이시영 일가의 서간도 이주와 신흥무관학교 설립 그리고 독립운동에 관해 다음과 같이 평한 바 있다.

동서 역사상 나라가 망할 때, 망명한 충의의사가 비백비천非百非千이지만,
형제가족 40여 인이 한마음으로 결의하고 일제히 거국去國한 사실은 예전에
도 지금도 없는 일이다. 그 의거를 두고 볼 때 (……) 진실로 6인의 절의는
백세청풍百世淸風이 되고 우리 동포의 절호의 모범이 되리라 믿는다.[106]

임시정부가 미국에 의해 부인되고 여운형의 건국동맹도 인정받지 못한
해방공간은 백화제방의 혼란상을 보여주었다. 미군정이 유일하게 권력의
실체로 등장한 가운데 해방정국은 김구 중심의 임시정부 세력, 이승만 중
심의 미주세력, 여운형 중심의 건준세력, 박헌영 중심의 좌익세력, 송진우
중심의 한민당 세력이 혼거한 상태였다. 정치적으로는 반탁과 찬탁, 이념
적으로는 우익과 좌익, 외교상으로는 친미와 친소로 갈려 대립하였다.

이시영은 환국 후 임시정부 요인들과 행동을 같이했다. 경교장에서 환
국 후 처음으로 열린 임시정부 국무회의에도 참석하고, 임시정부 요인 환
영 국민대회 등에도 참여하면서 새 나라를 세우기 위한 여러 가지 방책을
구상했다.

1945년 9월 16일 송진우, 김성수 등을 중심으로 하는 보수우익 세력이
한국민주당(한민당)을 창당하면서 이승만, 김구와 더불어 이시영을 영수
로 추대했으나 그는 이들의 과거 행적을 이유로 취임을 거부했다.

---

106   이정규·이관직, 『우당 이회영전』(을유문고, 1985), 183쪽.

환국한 임시정부 요인들은 1946년 1월 28일 임시정부의 정통성을 확인하는 「대한민국 건국강령」을 제정 공포했다. "우리나라는 우리 민족이 반만 년 이래로 공통한 말과 글과 풍토와 주권과 문화를 가지고 공통한 민족정의를 길러온 우리끼리로서 형성하고 단결한 고정적 집단의 최고조직임"을 선포한 이 강령에는 김구 주석과 국무위원 이시영, 조성환, 조완구, 조소앙, 박찬익, 차리석이 차례로 연서했다.

이시영은 1946년 3월 5일 하지 중장이 워싱턴에서 반탁, 단정수립 반대 등 임시정부 측의 움직임에 강경한 성명을 발표하자 김구, 조완구, 유림 등과 브라운 소장을 만나 이에 대해 강력히 항의했다.

이시영은 이에 앞서 1946년 2월 8일 이승만의 독립촉성중앙협의회와 김구의 탁치반대국민총동원위원회가 대한독립촉성국민회로 통합하면서 이 단체의 위원장으로 피선되었다. 최고정무위원에는 임시정부 출신으로 이승만, 김구, 김규식 등과 한민당의 백남훈, 신한민족당의 권동진, 국민당의 안재홍, 인민당의 여운형, 무소속의 오세창, 기독교계의 함태영, 천주교의 장면, 불교의 김법린 등 각 정치세력을 두루 안배한 28명이 선임되었다. 국민회의 선전정보부장 엄항섭은 "최고정무위원회는 과도정권 수립의 산파역을 임무로 하며 임시정부는 과도정권이 수립되기 전에는 해체되지 않는다"라고 천명했다.

하지만 국민회는 당초의 약속과는 달리 2월 14일 미군정의 최고자문기관인 남조선대한국민대표민주의원으로 변모되어 이승만을 의장, 김구·김규식을 부의장으로 하는 '민주의원'으로 바뀌었다. 4월 10일에는 대한독립촉성국민회의 제1회 전국 도부군道府郡 지부장 회의가 지부장 88명, 초청객 500여 명이 모인 가운데 서울 YMCA에서 이틀간 열렸다. 미·소 공위, 식량 대책, 지방조직강화 문제 등을 토의하고, 이승만과 김구를 총재로, 이시영을 회장으로 하는 부서를 결정했다. 그러나 얼마 뒤 이 단체가 분열을 거듭하면서 이시영은 여기서 손을 뗐다.

얼마 지나지 않아 임시정부 요인 가운데에도 주의 주장이 서로 맞지 않아 고소 사건이 일어나는 등 불미스런 사태가 벌어지자, 선생은 도의적 견지에서 위원장의 임무를 인책 고사했다.[107]

임시정부 측과 결별, 김구와 갈라선 배경

이시영은 여기에 그치지 않고 1947년 9월 2일 일체의 공직을 떠난 데 이어 26일에는 임시정부 국무위원과 국민의회 의원을 사퇴한다는 성명을 발표했다. 9월 1일에 열렸던 비상 국민의회 제43차 회의 결의가 비법적이라고 주장하면서 탈퇴한 것이다. 국민의회는 9월 1일부터 창덕궁 인정전에서 제43차 임시대회를 열고 4대국 제안의 절대 지지와 남한단독정부 노선의 반대를 만장일치로 결의했다. 이승만은 이날 회의에 참석치 않고 대신 보통선거법에 의한 총선거의 단행을 요망하는 서한을 보냈다.

이시영이 국민의회는 몰라도 임시정부 국무위원까지 사퇴한 것은 충격적이었다. 사퇴 성명은 다음과 같다.

---

107 박창하, 앞의 책, 87쪽.

대한민국 임시정부는 기미년 3천만 민족의 혈박血搏에서 탄생되었다. 해방 후 정부 책임자들은 국제의 무리한 압박으로 부득이 사인私人 자격이라는 수치스런 걸음으로 귀국하여 떳떳치 못한 행태도 불무했으나 지켜온 법통 정신만은 그다지 손상이 없다고 생각한다.

그러나 금회今會에 소위 43차 의회의 자의추진은 경거망단이 아니라고 할 수 없다. 차에 대하여 호법에 소訴할 수도 없고 은인묵과할 수도 없다. 이에 임시정부 국무위원과 국의國議(국민의회) 의원을 다 탈피하는 바이다. 그리하여 직무에 불충실한 천오舛誤를 일반 동포 앞에 사과할 뿐이다. 본래 국가 독립은 멸사적, 헌신적이 아니면 달성키 어려우니, 정신 단결하여 대의정로大義正路로 매진하기를 빌 뿐이다.[108]

이시영이 임시정부 측과 결별하게 된 과정을 한 연구가는 다음과 같이 정리한다.

사퇴의 가장 큰 이유는 '이른바 43차 의회의 자의 추진'이었다. 임시정부 주석의 경력을 가진 김구는 1947년 2월 14~17일에 우익 단체를 통합 단일화하기 위해 국민의회를 새로 조직했다. 그러나 이 의회는 좌익은 물론 이승만 측으로부터도 호응을 받지 못했다. 그래서 김구는 9월에 이승만과의 합류를 시도했다. 이시영은 김구의 이러한 움직임에 대해 크게 불만을 표했던 것이다.[109]

---

108 앞의 책, 87~88쪽.

해방정국에서 임시정부의 큰 축이었던 김구와 이시영의 결별은 비극이었다. 김구의 혁명가적인 철학과 이시영의 실용주의적인 철학이 결별을 불러온 것이다. 김구가 주자학적인 명분과 의리론적인 가치관이라면, 이시영은 명분도 중요하지만 보다 현실에 바탕을 두는 양명학적 가치관이었다고 할까.

정부 수립 과정에서 백범과 성재 사이에 또다시 이견이 생겼다. 백범은 단독정부가 수립되면 조국이 영원히 분단될 것이라는 절실한 마음으로 대한민국 정부 수립을 지지하지 않았다. 그리고 남북협상의 길로 나아갔다. 그러나 성재는 이승만의 노선이 냉전 상황에서 불가피하다는 입장이었다. 이 문제를 놓고도 성재는 백범을 만류했으나, 백범은 오히려 "형님만은 나를 이해할 줄 알았는데" 하며 아쉬움을 드러내기도 했다. 이때 백범 추종자 중에도 성재를 원망한 이들이 많았다.

하지만 남북협상이 실패로 끝난 뒤, 성재는 백범과 단독정부 수립 반대 세력에게 냉전 체제와 북한 일당독재 체제의 현실을 주지시키면서 현실정치 참여를 끊임없이 설득했다. 이에 일부는 1950년 제2대 국회의원 선거에 참여하기도 했다. 그러나 아쉽게도 백범까지 설득하려던 성재의 노력이 관철되기 전에 친일 군부 극우 세력에게 백범이 암살당하고 말았던 것이다.[110]

109 이태진, 「이시영, 대한민국 초대부통령」, 『한국사시민강좌』 43권(일조각, 2008), 36쪽.

110 이종찬 회고록, 『숲은 고요하지 않다 1』(한울, 2015), 74~75쪽.

이시영과 김구는 이 시점에서 갈라서게 되었다. 이시영이 모든 공직에서 사퇴한 후 정국은 급속히 변하고 있었다. 미국 측은 한반도 문제를 유엔에 넘기고 유엔총회는 "유엔한국임시위원단을 설치하여 그 감시하에 1948년 3월 말까지 자유선거를 실시, 국회 및 정부 수립 후 미·소 양군이 철수한다"라는 결의안을 의결했다. 소련 측은 이것이 모스크바 3상회의 결정을 위반하는 것이며, 한국 문제는 미·소 양군이 철수한 후 조선인 스스로 해결하게 하는 것이 가장 바람직하다면서 이를 반대했다.

당시 유엔은 미국의 절대적인 영향력 아래 있었던 관계로 '유엔한국임시위원단 설치, 신탁통치를 거치지 않는 독립, 유엔감시하의 남북총선거안'을 의결했다. 이에 따라 캐나다, 인도 등 8개국으로 구성된 위원단이 입국하기에 이르렀다. 그러나 소련 측이 38도선 이북지역의 입국을 거부하자 유엔은 다시 소총회를 열어 '가능한 지역 안의 총선거'를 의결함으로써 분단 정권 수립이 가시화되었다.

이승만은 이에 앞서 1946년 6월 3일 정읍에서 처음으로 남한만의 단독정부 수립을 공식적으로 주장하고, 12월부터 1947년 4월까지 미국에 건너가 남한 단독정부 수립을 촉구하는 외교활동을 벌였다.

1946년 5월 1차 미·소 공동위원회가 휴회로 들어가고 좌우익의 대립이 격화되는 가운데 이승만을 중심으로 한 일부 우익세력의 단독정부 수립 계획이 본격화하자 이를 저지하기 위해 여운형, 김규식 등은 좌우합작위원회를 발족했다. 여기에는 두 사람 외에 좌우, 중도파 인사들과 임시정부 계열의 최동오, 김붕준이 참여하였다. 위원회는 신탁통치, 토지개혁, 친일파 처리 문제 등에서 '좌우 합작 7원칙'에 합의했으나, 한민당의 토지

무상분배 반대와 합작위원회 자체에 대한 반대, 좌익 측의 반대 노선으로 좌우합작운동은 점차 정체 상태로 빠지고, 미국의 정책이 좌우합작 지지에서 단독정부 수립 쪽으로 바뀌면서 이 운동은 종료되고 말았다.

단독정부 수립 문제가 제기되고 유엔한국임시위원단이 내한하는 등 정세가 급변하면서 이시영은 고민을 많이 했다. 김구와 김규식은 어떤 일이 있어도 분단정부는 안 된다는 주장 아래 남북협상을 주창했다.

김구와 김규식은 통일정부 수립을 위해 1948년 4월 평양을 방문, 남북정당사회단체 대표자연석회의와 '4김회담'에 참석한 후 서울로 돌아왔다. 이시영은 6월 10일 경교장으로 김구를 찾아갔다. "그는 김구에게 남북, 좌우 관계는 미온적으로 종결점이 나올 수 없는 것인데, 남북협상 같은 것은 되풀이 할 수 없는 것이니 더는 추진하지 말 것을 종용했다. 계속하다가는 허물이 모두 당신에게 돌아오고 말 것이라고 간절하게 타이르기까지 했다."[111]

이시영은 시국에 대한 견해 차이로 김구와 결별하고, 단독정부 수립노선에 합류했다. 김구와 결별했다기보다 그의 노선에서 벗어났다고 할 것이다. 그는 뒷날 김구 암살에 가장 분개하고, 시신 앞에서 통곡했다.

---

111   이태진, 앞의 책, 37~38쪽.

해방공간에 신흥대학을 세웠지만

이시영은 환국한 이후 정치 쪽에만 관심을 두지 않았다. 두 번 다시 국치와 같은 비극을 겪지 않기 위해서는 유능한 인재를 키우는 일이 시급했다. 우선 일제에 짓밟힌 성균관을 복원하여 초대 총재를 맡았다.

성균관은 조선시대 인재양성과 선성先聖, 선현先賢에 대한 봉사奉祀의 기능을 해왔는데, 1910년 병탄 후 일제가 식민지정책의 일환으로 경학원經學院으로 개칭하고, 유림세력의 친일어용기관으로 만들었다. 해방과 함께 경학원이 해체되면서 명륜전문학교로, 1946년에 명륜전문학교가 발전적으로 해체되고 그 대신 성균관대학교가 설립되는 계기가 되었다.

이시영이 본격적으로 육영사업에 뛰어든 것은 1947년 정국의 혼란과 민족진영의 내분에 환멸을 느낀 나머지 일체의 공직에서 물러난 뒤 신흥대학을 설립하면서부터였다. 초당파적인 입장에서 사상통일과 민족단결을 위한 제2의 국민운동이 필요하다고 판단, 신흥무관학교의 구국정신을 재생시켜 신생국가의 인재를 키우고자 학교법인 '성재학원 신흥대학'을 창설했다.

해방 후 독립운동가 중에는 인재양성을 위해 학교를 세운 분들이 더러 있었다. 김구의 건국실천원양성소, 신익희의 국민대학 설립 등이 대표적이다. 이시영은 신흥대학 설립을 위해 동분서주하여 1947년 2월 신흥무관학교의 교명을 그대로 이어받아 신흥전문학원을 설립했다.

이렇게 설립된 신흥전문학원은 대한민국 정부가 수립된 직후인 1949년 3월 20일 안호상 초대 문교부 장관이 '대학 제1호'로 인가하고 관보(문교부

제472호)에 실었다. 6·25전쟁으로 경영난을 겪고, 조영식이 대학을 인수하여 1952년 2월 피난지 부산에서 초급대학으로 인가를 받았고, 같은 해 12월 4년제 신흥대학으로 승격되었다.

이어서 1955년 2월 종합대학으로 승격하여 총장에 조영식이 취임하고 1960년 2월 교명을 경희대학교로 바꿔 오늘에 이른다. 이시영이 세운 신흥대학이 어떻게 하여 조영식 일가의 손으로 넘어갔는지 그 과정은 베일에 싸여 있다.

긴 세월이 지난 2013년 4월 17일 이시영의 손자 이종문은 할아버지 서거 60주기를 맞아 「신흥·경희 가족 여러분에게」라는 개인 성명을 발표했다. '신흥'이 '경희'로 바뀐 저간의 아픔과 할아버지의 건학정신을 당부한 것이다. 중간 부문을 소개한다.

(……) 저희가 조부님이 서거하신 후 지나간 60년을 지내오면서 신흥·경희학원과 관련하여 오로지 소망했던 것은 조부님 서거 후, 어떠한 인위적인 공작이나 모사, 변칙적인 절차와 과정을 거쳐 신흥학원의 운명이 뒤바뀌었던 간에 경희학원의 뿌리와 모체가 되었던 신흥학원 그의 역사적 원천인 신흥무관학교의 실재했던 자랑스러운 역사, 경희와 신흥의 불가분의 관계, 민족사적인 정통성과 전통, 독립, 자주의 강력한 국가를 세우려던 이념과 정신을 되살려 진정한 한국을 대표하는 명문으로 되살리자는 것입니다.

지난 50여 년간 기회 있을 때마다 그리고 조부님의 주기週忌가 돌아올 때마다 학교를 운영하는 분들에게 이러한 저희의 충정을 직간접적으로 전달하고 대화와 협력의 장이 마련되기를 바랐으나 오늘날까지 어떠한 답변

이나 의사표시를 접하지 못한 채 이제 조부님의 서거 60주기를 맞이하게 되었습니다.

사랑하는 신흥·경희 가족 여러분.

여러분은 만방에 떳떳하게 자랑하고 자긍심을 가질 수 있는 빛나는 신흥의 역사와 전통, 자주, 독립의 건학 이념과 정신 그리고 후대까지 오랜 세월 이어질 전통을 가졌으면서도 이 모든 귀한 여러분 자신의 빛나는 유산을 망각하신 채 지났습니다.

이와 같은 유산은 여러분 자신이 스스로의 힘과 노력, 준엄한 투쟁을 통하여 망각과 매몰의 역사 속에서 찾아내고 되살려 여러분의 후배들에게 물려주어야 할 것입니다. 이는 신흥·경희 가족 여러분의 책임이자 권한이기도 합니다. (……)

▲ 조완구·차리석 회갑 기념(충칭 투차오 우리촌, 1941.9.23)

1줄 왼쪽: 최종란·채수웅·엄기남·유수란·유수송·김종화·오영걸·송태상
2줄 왼쪽: 강영파(姜暎波, 유진동 부인)·○·오희옥·민영애·김자동·엄기동·민영화·민영의
엄기선·엄기순·○·채수영·연미당·정정화
3줄 왼쪽: 조성환·지청천·박찬익·김구·차리석·이시영·조완구·이헌경·손일민 부인
최동화(최동오 부인)·최근애(어린이)·오건해(신건식 부인)
4줄 왼쪽: 양우조·송병조·이상만·홍진·민병길·조소앙·최동오·유미영(최덕신 부인)
정정산(오광선 부인)·방순희·채원개·김동인(채원개 부인)·채근아(어린이)
5줄 왼쪽: 엄항섭·김학규·고시복·김신·전월성·김관오·문덕홍·송복덕 진춘호·유평파
유진동

▲ **대한민국 임시정부 대일선전성명서(1941.12.10)**

임시정부는 주석 김구와 외무부장 조소앙의 명의로 1941년 12월 7일 하와이 진주만을 기습 공격하여 태평양전쟁을 도발한 일제에게 12월 10일 선전포고를 하였다.

우리는 3천만 한인과 정부를 대표하여 중국·영국·미국·네덜란드·캐나다·오스트리아 및 기타 여러 나라가 일본에 대해 전쟁을 선포한 것이 일본을 쳐서 물리치고 동아시아를 재건하는 가장 유효한 수단이 되므로 이를 축하하면서, 다음과 같이 성명한다.

1. 한국의 전체 인민은 현재 이미 반침략전선에 참가해오고 있으며, 이제 하나의 전투단위로서 축심국(軸心國)에 전쟁을 선언한다.
2. 1910년 합병조약과 일체의 불평등조약이 무효이며, 아울러 반침략 국가가 한국에서 합리적으로 얻은 기득권익이 존중될 것임을 거듭 선포한다.
3. 한국과 중국 및 서태평양에서 왜구를 완전히 구축(驅逐)하기 위하여 최후의 승리를 거둘 때까지 혈전한다.
4. 일본세력 아래 조성된 장춘과 남경의 정권을 절대로 승인하지 않는다.
5. 루스벨트·처칠 선언의 각항이 한국독립을 실현하는 데 적용되기를 견결(堅決)히 주장하며, 특히 민주진영의 최후 승리를 미리 축원한다.

▲ 차리석 장례식(충칭 임시정부 청사. 1945.9.12)

　차리석(1881.7.27~1945.9.9)은 평안남도 영원 사람이다. 1904년에 숭실중학을 1회로 졸업하고, 1907년 대성학교 교사로 부임하였다. 신민회 활동으로 옥고를 치렀다. 1919년 평양에서 3·1운동에 참여하였다가 중국 상하이로 망명하여 임시정부 기관지 《독립신문》의 기자로 활동하였다. 1922년 2월에는 임시의정원 평안도 의원에 선출되었다. 1924년에는 흥사단의 지원으로 남경에 동명학원을 설립하였다. 1932년 11월 국무위원에 선임되어 조국이 광복될 때까지 국무위원, 국무위원회 비서장 등으로 임시정부를 이끌었다. 1945년 9월 9일, 환국 준비를 하던 중 충칭에서 서거하였다.

▲ 임시정부 요인(충칭 임시정부 청사. 1945.9)

앞줄 왼쪽: 이시영·김구·유동열·황학수
뒷줄 왼쪽: 박찬익·조완구·김상덕·최동오·유림·엄항섭

▲ 대한민국 임시정부 환국기념(충칭 임시정부 청사, 1945.11.3)

임정 요인들이 환국하기 전에 충칭 임시정부 청사에서 기념사진을 찍었다. 김구와 이시영, 등 임정 요인들이 입고 있는 양복은 상하이에 있던 이규학(이회영의 차남) 부부가 중심이 되어 요인들이 환국하면서 입도록 준비한 것이다.

앞줄 왼쪽: 조소앙·이시영·김규식·김구·홍진·유동열·신익희·노영재(국무위원 김붕준의 부인).

▲ **상하이에 도착한 국무위원 이시영과 마중 나온 가족**

1911년 이건영·석영·철영·회영·시영·호영 6형제는 빼앗긴 조국을 찾기 위해 조국을 떠났었다. 하지만 6형제 중 유일하게 이시영만 살아 환국할 수 있었다.

앞줄 왼쪽: 이종순(이규열의 장녀)·이규열(이시영 차남)·이시영·이규훈(이건영 차남)·이종영(이규훈의 장녀)·이정현[이규학(이회영 차남)의 장녀]·이종찬(이규학의 3남)

▲ **임시정부 요인 1진과 2진의 합동 귀국기념 촬영(서울 경교장, 1945.12.6)**

임시정부 요인들은 1진과 2진으로 나누어 귀국하였다. 미군정에서 탑승인원 15명인 C-47 비행기 한 대를 상하이로 보내왔고, 1진 15명이 11월 23일 환국하였다. 상하이의 강만비행장을 출발하여 세 시간만인 오후 4시경 김포비행장에 내렸다. 이들의 귀국은 국민들에게 알려지지 않았다. 미군정 당국이 극비에 부쳤기 때문이다. 비행장에는 미군들만 대기하고 있었다.

2진 22명은 12월 1일 상하이를 출발하여, 다음 날 서울에 도착하였다. 이들이 김포비행장에 다다랐지만, 비행장에 폭설이 내려 착륙할 수 없었다. 결국 저녁이 되어서 군산비행장에 내렸다. 여기서 자동차로 이동하다가 논산에서 하룻밤을 지내고, 다음 날 대전 유성비행장에서 비행기를 타고 김포비행장에 도착하였다.

앞줄 왼쪽: 장건상·조완구·이시영·김구·김규식·조소앙·신익희·조성환

▲ **대한민국 임시정부 환국봉영회(1945.12.19)**

　서울운동장에서 오전 11시에 개최된 환영식에는 15만 명의 인파가 몰렸다. 이 환영식은 임시정부 요인의 입장, 태극기 게양, 애국가 제창, 이화여전 합창단의 환영가 제창, 홍명희의 환영사, 러치(Archer L. Lerch) 미군정장관의 축사, 송진우의 환영사, 김구 주석의 답사, 이승만 박사의 답사, 만세삼창 등의 순서로 진행되었다.

　사진은 환영식이 끝난 뒤 서울운동장에서 출발하여 동대문 앞을 지나 종로로 향하는 축하행렬이다.

▲ 대한민국 임시입헌(臨時立憲) 제27주년 기념식(창덕궁 인정전, 1946.4.11)

2줄 왼쪽: 김붕준·ㅇ·ㅇ·ㅇ·이규채·신익희·김창숙·김상덕·유동열·최동오·홍진·김구·이시영·조성환·유림·조소앙·황학수 조완구·조경한·엄항섭·유진동.

제12장

대한민국 정부 수립에 참여

분단정부에 참여하기로 결단

해방정국은 이시영의 존재를 필요로 했다. 찬탁과 반탁, 친미와 친소, 통일정부 수립과 단독정부 수립론 등 민족사에 영향을 주게 될 큰 흐름 속에서, 각 정파에서는 일체의 공직을 떠난 '정계은퇴'의 상태에서 육영사업을 하고 있는 그를 내버려 두지 않았다. 민족의 자주독립을 위해 평생을 힘겹게 살아온 처지에서, 해방된 조국의 진로가 결정되는 시기에 먼 산의 불구경하듯 하고 있을 수는 없는 일이었다.

그는 여러 날의 고심 끝에 분단정부에 참여하기로 마음을 굳혔다. 미국과 소련이 한반도를 양분하여 점거하고 있는 상태에서 통일정부 수립이 결코 쉽지 않은 일이고, 그렇다면 남쪽에 먼저 민주정부를 수립한 연후에 국제정세를 살피면서 통일을 이루어야 한다는 신념이었다.

이 같은 결심을 하기까지는, 김구 주석을 비롯하여 험난한 시대를 함께했던 임시정부의 동지들을 배신하는 듯해서 가슴 저리고 발걸음이 무거웠다. 그는 늘 그랬듯이 마음을 정하면 망설이거나 좌고우면하지 않고 행동에 나섰다.

참여를 결정한 이시영은 총선이 실시되는 해인 1948년 1월 초하룻날 성명을 발표했다.

우리는 신성한 자손으로 개개가 총명하다. 남북, 좌우, 중간을 막론하고 우리도 독립국 자유민으로 똑같이 생존 발전하여 백년대계를 확정하기 위해서는 추호도 다름없는 민족자결로 매진해야 할 것인데, 어찌하여 까닭 없는 이론이 한 없이 많은가?[112]

이시영은 개탄하지 않을 수 없었다. 명색이 해방된 조국인데, 수많은 정파가 난립하고 정치적 테러와 난동이 일상화되고 있었다. 여기에 미군정의 하지는 마치 점령군 사령관처럼 행동했다. 1948년 3월 어느 날 하지와 서기관 하워스가 숙소로 이시영을 찾아왔다.

언어 풍속이 다르니 우리의 정세에 적합하기 어려운 일이다. 그러나 2, 3년을 두고 보면 어느 정도 윤곽이 나설 터인데, 나는 하지 장군을 현명한 사람으로 알았다. (……) 그야 우리 사람 중 악질 도배의 착오도 없지는 아니할 터이지만 (……) 미국 국민이 우리나라가 반미를 한다고 하는 말을 들었는데, '반미'와 '반군정'을 혼동해서는 안 된다.[113]

---

112 ≪경향신문≫, 1948년 1월 2일 자.
113 박창화, 앞의 책, 101쪽.

이시영은 1946년 대구 10월항쟁과 1947년 제주 4·3항쟁을 비롯해 그동안 미군정의 남한 통치과정에서 빚어진 불행한 사건과 사태를 지켜보면서 하지를 준엄하게 질타한 것이다. 한국인의 생살여탈권을 쥐다시피 한 상황에서 하지를 상대로 이 같은 질타를 하는 것은 여간해서 쉽지 않았다.

남북 통일정부를 수립하자는 일에 이시영은 어느 누구 못지않았다. 다만 그는 국제관계 특히 미소 두 강대국의 대치상태라고 하는 현실을 무시할 수 없었다. 그의 통일관의 일단을 1946년 11월 어느 날의 신문 인터뷰에서 찾을 수 있다.

우리는 남북을 통해서 하루속히 완전 자주 독립될 것을 갈망할 뿐이니, 일치단결하여 분투 매진하지 않으면 안 될 줄로 안다. (……) 일체의 공직을 사퇴하고 있는 중이나 여러분들이 정당한 노선을 밝힌다면 노구일지라도 내 남은 정력을 다하여 마지막 날까지 일하겠다. (……)

우리가 중국에 가서 항일투쟁을 한 것은 좌우익을 초월해서 단결하자는 취지가 아니었느냐? 우리는 대동단결해야 한다.[114]

이시영은 해방정국의 혼란상에 마음 아파하면서 국민의 단합으로 난관을 극복하자고 호소한다. 다시 ≪민중일보≫의 회견 내용이다.

약소민족을 부식한다는 신호를 잘 지켜왔다면 미·소 공위美蘇共委가 2년

---

114   ≪민중일보≫, 1946년 11월 23일 자.

전에 한국문제를 해결했을 것이다. 금번에도 소련이 시종 거부한다면 우리
는 다 죽어가는 동포를 그대로 볼 것인가. 유엔단이 이 기회를 잃고 돌아간
뒤에 이런 회합이 다시 있을까. 우리의 주권을 세워놓고 동포구제와 군정철
폐의 긴급성을 문제삼아 재남在南 2천만 대중의 멸절을 만회함에 급선急先
착수하는 것이 현실에 적합한 조처라고 본다.[115]

이시영이 해방정국에서 지도층 인사들이 사분오열하고 민족의 장래보
다 자파의 이해에 매몰되어 싸우는 것을 보다 못해 떠밀리다시피 해서 맡
았던 대한독립촉성국민회 위원장을 1946년 8월 사퇴할 때의 심경도 다르
지 않았다.

이 민족적 중대위기에 임하여 민주주의국가 건설이란 동일한 정치이념에
도 불구하고 각 지도자들의 파지把持하고 있는 그 구구한 정략과 방략의 사
유 고집을 볼 때에 끝없는 환멸을 느끼지 않을 수 없으며 아울러 합류불능을
통감하는 바이다. 특히 대한독립촉성국민회 중앙간부로 말하면 다 당시 준
초인물俊楚人物이라 한다. (……)
그러나 가끔 그들의 동작이 법규나 조리에 맞지 못하는 표현이 있을 때에
는 물의가 환등하여 나로 하여금 극도 불안을 느끼게 할 뿐이요 광정할 도리
가 없으므로 결연히 일절 공직을 탈리 사퇴하고 동시에 3천만 형제자매에게
사과하여 마지않는다.[116]

---

115 앞과 같음.

1947년 12월 장덕수 암살 사건이 일어났다. 한 청년이 이 사건에 연루되어 무기형을 선고받았다. 대한학생연맹 위원장으로서 신탁통치 반대운동에 참여했던 최중하였다. 이 소식을 들은 이시영은 유망한 청년을 구하고자 미군정에 재심을 청구하여 2년여 뒤 형 집행정지로 석방시켰다. 그리고 공부 열심히 하라고 '서면'이란 이름을 지어주었다. 그가 일본에 건너가 안중근 의사의 자서전 원본 등을 찾아낸 국제한국연구원장 최서면이다.

언론을 통해 '부통령설'을 처음 듣고

국내 정국은 1948년 들어 단선, 단정 쪽으로 급속히 변해갔다. 이를 막고자 김구, 김규식이 북행하여 그쪽 지도자들과 일련의 회담을 갖는 등 노력했으나 이를 저지하기에는 역부족이었다. 미국 정부의 입장이 확고한 데다 그 산하기관 역할을 하고 있는 유엔소위가 '남한 단선'을 지지했기 때문이다. 국내에서는 이승만이 확고히 단선을 지지했다.

이시영은 당시 모든 공직에서 물러나 사실상 정계은퇴의 상태에 있었다. 연치도 어느덧 79세였고, 임시정부 측과도 결별하면서 사실상 고립된 상태에 있었다.

그렇게 은거한 80세 노인이 왜 부통령으로 나서게 된 것일까? 이승만의

---

116 "동지의 반성 촉구, 이시영 씨 공직사퇴", ≪서울신문≫, 1946년 8월 18일 자.

뜻이었다고 생각된다. 어떤 반대도 없을 만한 훌륭한 후보이면서 자신의 권력에 도전할 위험이 없는 인물. 그리고 독립운동가로서 권위가 김구에게 떨어지지 않는 인물. 김구가 단정 반대에 나선 것이 이승만에게는 큰 정치적 부담이었다. 자기 노선을 김구가 지지해주지 않는다면 김구에 못지않은 권위를 가진 인물의 존재가 필요했다.

이승만의 뜻이 그렇다면 이시영은 왜 호응했을까. 나는 진퇴에 대한 선비의 자세로 이해한다. 주어진 역할이 대의에 맞는 것이라면 취향이나 의심 때문에 외면해서는 안 된다는 것이다. 대의가 지속하는 한 최선을 다해 임해야 한다는 것이다. 감투가 욕심나서 나섰다고 볼 만한 꼬투리는 그의 일생을 통해 보이는 것이 아무것도 없다.[117]

제헌국회에서 헌법이 제정되고 정·부통령제가 확고해지면서 정가의 관심은 부통령 후보에 모아졌다. 유망한 인물이었던 김구와 김규식은 단독정부 불참을 선언하고, 여운형은 1947년 7월 암살되어 사라졌다. 이승만 혼자 대통령 후보로 남아 있었고, 그는 이미 대통령 행세를 했다.

국회에서 정·부통령 선거를 하기 며칠 전 ≪경향신문≫이 이시영의 근황을 싣고 인터뷰했다.

재작년(1947년) 가을 국민의회, 한독당 등 임시정부 계통의 모든 정치단체와 관계를 끊는 비장한 성명을 발표하고 초야에 나려 묵묵히 새로운 독자

---

117   김기협, 『해방일기 10』(너머북스, 2015), 382~384쪽.

적 건국 구상에 잠기고 있던 성재 이시영 옹의 최근 동향은 정계의 변화와 함께 크게 주목받고 있거니와 정부 수립을 앞두고 이 박사와 이 옹 간은 물론 기타 정계 요인들의 내왕이 빈번한데 정부가 수립되면 이 옹이 부통령으로 출마하리라는 설이 유포되고 있는 때인 만큼 옹의 거취는 더욱 일반의 시선을 끌고 있다.

옹은 그동안 경춘선 마석 향촌에 가서 일삭一朔이나 정양을 하다가 지난 30일 귀경했는데 옹은 3일 왕방한 기자와 옹과 이 박사와의 관계, 김구 씨와 김 박사의 태도 및 서 박사 추대운동 등 제반 시사 문제에 대하여 팔십 노령에 정정한 기력으로 대요 다음과 같은 일문일답을 했다.

경향 이 박사가 대통령으로 피선된다면 옹은 부통령으로 입각하게 되리라는 설이 있는데?

성재 나로선 금시초문이다. 나보다 얼마든지 훌륭한 사람이 있는데 나 같은 노후한 인물이 나가서 뭣하겠는가. 그러나 일생을 조국 광복에 바쳐 이 몸이 이렇듯 늙어빠진 만큼 앞으로도 건국에 여생을 바칠 각오이다.

경향 이 박사 개인에 대한 옹의 기대와 요망은?

성재 이 박사는 좀 양보성이 있어주길 바란다. 정부가 서더라도 태산과 같은 중임을 지고 나가는 데는 좀 벅찰 것이다.

경향 이 박사와 김구 씨는 합작할 가능성이 있겠는가?

성재 합작? 좀 어려운 일이다. 그러나 이 박사는 조각組閣 일보 전에 듣고 아니 듣고 간에 김구 씨에게 최후로 협조를 요청하게 될 것인데 글쎄 (……) 김구 씨가 들을라구?

경향 국회의원 선거는 물론 정부 수립까지 보이콧하는 김구 씨의 태도를 어찌 보는가?

성재 나는 여러 번 김구 씨더러 그러지 말고 마음을 돌려 반쪽 정부나마 세우는 데 협력하는 것이 어떠냐고 권해보았으나 결국 도로徒勞였다.

경향 그러면 김규식 박사는?

성재 물론 김구 씨와 함께 훌륭한 분이나 좀 더 견고한 의지의 소유자가 되었으면 좋겠다.

경향 서(재필) 박사의 신당설에 대한 소감은?

성재 서 씨는 늦게 귀국하여 현재 군정청 최고의정관 자리에 앉아 있는 만큼 해방 이래 3년 가까이 남들이 애써 만들어놓은 뒤에 참섭參涉하여 뭣이니 뭣이니 한다는 것은 자미없는 일이라고 본다. 그리고 또 새로운 파당을 짓는다는 것은 불찬성이다.

경향 38선은 언제나 터질 것이며 남북통일은 가능한가?

성재 38선이 터지는 것이라든가 또는 남북통일 등의 문제는 국제간에 해결할 성질의 것이요, 우리 독력으로는 좀 어렵지 않을까 한다. 그러나 우리는 그렇게 하려고 애는 써야 할 것이다.[118]

이시영의 관찰은 예리했다. 이승만에게 "좀 더 양보성이 있어주길" 바라는 대목은 정곡을 찌르고 있다. 이때까지도 부통령설을 '금시초문'이라 할 만큼 자신이 제헌의원들을 상대로 운동을 한 것이 아니었다.

'책략가 대통령 곁에 선 선비 부통령'

국회는 1948년 7월 20일 오전에 이승만을 대통령으로 선출하고 오후에는 부통령 선출 투표를 실시했다.

이시영이 1차 투표에서 최다 득표를 했으나 3분의 2 지지에 미달하여 2차 투표에서 133표로 당선되었다. 상하이에서 임시정부가 수립될 때 의정원 의원으로서 약헌(헌법) 기초위원으로 활약한 이래 만고풍상을 겪으며 임시정부에서 민주공화제를 지켜내고 비록 반쪽짜리 나라이지만 정부가 수립되면서 부통령에 당선되었다. 만감이 서리고 해야 할 일이 산더미같아 두 어깨가 무거웠다.

더욱이 함께할 대통령 이승만은 임시정부 시절이나 환국한 이후 지켜보았던 대로 유독 퍼스널리티가 강한 인물이다. 이시영은 이승만보다 여섯 살 연상이고 김구보다는 일곱 살 연상이다. 두 사람은 사적으로는 이시영을 깍듯이 대접했지만 공적으로는 상하관계에 속한다.

7월 24일 오전 중앙청 앞마당에서 정·부통령 취임식이 거행되었다. 이로써 국치 38년, 임시정부 수립 30년 만에 '임시'를 뺀 대한민국의 정식 정부가 출범했다. 이승만은 취임사에서 추상적인 언어로 시종할 뿐 민생, 통일, 외국군 철수, 친일파 척결, 국가비전에 관해서는 거의 언급이 없었다. 이시영은 달랐다. 이시영 부통령의 취임사다.

부통령 취임사

삼가 친애하는 동포 여러분에게 고합니다.

우리 겨레가 40년간 외적의 압박에서 신음하다가 우리 혁명 선열들의 순국 열혈의 결정과 연합우방의 호의로 말미암아 자유해방이 되고 이제 우리 겨레가 대망하던 중앙정부를 수립하게 됨은 실로 경하하여 마지않는 바입니다.

그러나 우리 국가와 민족이 중대 난국에 처하고 있음은 물론이고 우리의 전도에는 허다한 난관과 험로가 가로놓여 있는 것입니다. 양분된 국토를 통일하고 쇠퇴한 산업기관과 번폐한 문화시설을 재건하여 우리의 민생문제를 시급히 해결하지 않아서는 안 될 것입니다.

동시에 문란한 우리의 민족정기를 갱생시켜 우리의 정로正路를 규정하지 않아서는 안 될 것입니다.

이와 같은 민족적 대과업을 달성함에는 동포 여러분이 삼천만 일심으로 모든 사私와 이利에 초월하여 오직 건국흥업에 일로 매진하고 필사적 노력을 하여야 될 것입니다.

이와 같은 중대한 난국에 처하여 불녕不侫이 팔십 노구로서 부통령의 자리를 맡게 되었으나 동포 여러분이 지워준 이 중책을 과연 다할 수 있을는지 스스로 의심치 않을 수 없습니다. 그러나 위로는 이승만 대통령을 보좌하고 아래로는 3천만 애국동포 여러분의 적극 협력을 얻어 우리의 숙망인 조국광복을 완수하여 빛나는 민족통일 길이 살리고 찬란한 민족문화를 세계에 앙양하여 만방과 더불어 공존하고 공영케 하기에 얼마 남지 않은 나의 여생을 바칠까 합니다.

대한민국 30년 7월 24일

대한민국 부통령 이시영[119]

취임사는 국한문으로 쓰였다. 내용 중 '불녕不侫'은 재주가 없는 사람이라는 뜻으로서 겸양을 나타낸다. 이시영은 시종 감격에 겨워 눈물을 흘리며 취임사의 끝을 맺지 못했다.

어느 현대사 연구가는 '책략가 대통령 곁에 선 선비 부통령'[120] 이라고 썼다. 대통령 이승만은 독립운동가로 행세했지만 독립운동에 뚜렷한 성과가 없고, 그렇다고 혁명가나 경륜가도 아닌 그야말로 '책략가'에 속한다. 반면에 부통령 이시영은 독립운동의 최전선에서 싸운 독립지사이며 또한 격조 높은 선비였다.

이승만이 어떤 인물인지는 그동안 질릴 정도로 많이 봐왔고, 부통령에 취임한 이시영에게 한 차례 주의를 돌려본다. 이승만과 김구보다 6~7세 연상인 그는 임시정부 최고 원로였다. 나이로만 원로가 아니라 독립운동의 공로가 엄청나게 큰 인물이었다. 합방 전 평안남도 관찰사와 한성재판소장 등 대한제국 고관을 지냈고, 합방 후 이회영(1867~1932년) 등 6형제가 함께 망명해서 신흥무관학교를 세우는 등 재중항일운동의 종갓집 노릇을 했다.

탁월한 경력과 지대한 공헌에 걸맞은 자리를 임시정부에서 차지한 일이 없고, 어떤 분규에도 두드러지는 일이 없었다는 사실로 보아 특출한 인품의 소유자였던 것으로 생각된다. 자리를 탐내지 않을 뿐 아니라 자기 주견을 내세울 때도 겸양의 자세를 지킨 분 같다. 주견이 약한 것이 결코 아니다.

---

119 ≪관보≫ 제1호, 대한민국 30년 9월 1일.
120 김기협, 앞의 책, 379쪽, 소제목.

당당히 내세우되 남에게 강제하려 하지 않은 것이다.[121]

이승만의 독선적인 조각에 반기

이승만의 아집과 독선·독주 때문에 이시영의 부통령직 수행은 쉽지가 않았다. 부통령은 엄연한 헌법기관인데도 이승만은 의도적으로 부통령을 배제하거나 소외시켰다. 그가 연상인 데다 고분고분하지 않고 정책과 인사에서 '쓴소리'를 자주 했기 때문이다. '정통 독립운동가'에 대한 개인적인 콤플렉스도 작용했을 터이다.

이시영은 부통령 재직 중 국무회의 같은 데서 가끔 이승만과 언쟁을 벌였다. 6·25전쟁 이전 어느 날 국무회의에서 있었던 일을 총무처장 전규홍全奎弘은 다음과 같이 증언한다.

그날 회의가 끝나자 이 부통령은 대통령 쪽으로 몸을 돌리고 "우남……" 하고 대통령을 불렀다. 대통령도 부통령을 처다보며 "왜 그러시오?"하고 대답했다. 그러자 부통령은 매우 근엄한 어조로 꾸짖듯이 대통령에게 말했다. "우남! 밖에서 말이 많아, 정부에 대해서 말이 많아. (……) 국민들이 말이야, 불평이 많아!" 그러자 대통령도 화난 목소리로 쏘아댔다. "그럼 정부가 하는 일은 나쁜 일만 있고 좋은 건 하나도 없답디까? 그런 말 하시지 말고 명함이나 작작 보내시오!"[122]

---

121 앞의 책, 380~381쪽.

이승만과 이시영의 갈등은 국무총리와 내각구성 단계에서부터 촉발되었다. 조각은 대통령의 권한이지만, 부통령과 협의하는 게 헌법정신이었다. 그럼에도 이승만은 협의의 과정을 거치지 않고 인사권을 남용했다.

이승만은 초대 국무총리에 정치적 실세인 한민당의 김성수와 국회 무소속 의원들이 추천한 독립운동가로서 삼균주의 사상을 정립한 조소앙을 버리고 감리교 목사인 이윤영을 지명했다. 그는 국정을 이끌어갈 경륜은 커녕 정치력도 없는 무명의 제헌의원이었다. 이윤영은 국회의 인준과정에서 부결되고 말았다. 이승만이 굳이 무명인을 총리에 지명한 것은 내각을 관리하는 국무총리가 세력화되는 것을 막기 위해서였다.

이시영이 대통령의 조각에 특히 불만인 것은 국무총리에 이어 외무장관에 장택상을 임명한 것이다. 친일가문인 것은 물론 노덕술, 최운하 등 수도경찰청 간부들의 고문치사 및 사체유기 사건에 관계된 인물이다. 용납하기 어려운 인선이었다. 사전에 협의도 하지 않았다. 이시영은 사직을 각오하고 시정을 요구하려 들었다. 당시 상황을 한 신문은 다음과 같이 보도했다.

조각 인선에 있어 이 대통령의 지나친 독단적 처사에 함분含憤한 나머지 앙앙불락 외부와의 접촉을 일체 끊고 혜화장에서 굳은 침묵과 명상에 잠겨 있던 이시영 부통령은 지난 4일 모종의 중대 성명을 발표할 것으로 예측되

---

122   전규홍, 「이시영 부통령의 전권인수 구상」. 여기서는 조용중, 『대통령의 무혈혁명』(나남, 2004), 212쪽.

던 중 돌연 이화장 측의 만류로 이것을 중지하고 동일 오후 수행원 수 명을 대동 혜화장을 떠나 모처로 사관舍館을 옮기어 새로운 구상에 들어갔다.

그런데 측근이 전하는 바에 의하면 이번 조각에 있어 내외상內外相을 필두로 각 각료의 전형을 대통령 일개인의 자의로 했을 뿐 아니라 이 부통령에게 사후 각료의 명부를 보내어 '이리이리 결정했다'는 정도의 통지에 불과한데 이 부통령은 극도로 분개하여 사의를 굳게 가지고 이것을 성명하려던 것이라 한다.

이 부통령의 그 같은 심경은 5일 첫 국무회의에 궐석한 것을 보거나 또는 지난 3일부 본지에 보도된 바와 같이 "나는 나대로 이미 결심한 바가 있다"라고 본보 기자에게 강경 심사를 암시한 것으로 보더라도 넉넉히 규지할 수 있는 일로서 만일에 이 부통령이 공식으로 사의를 천하에 표명하는 경우엔 이 대통령을 비롯하여 현 내각은 어떤 딜레마에 빠질지 그야말로 일촉즉발의 위기에 있어 일반 민중으로부터 약체 내각의 빈축을 받느니만치 크게 주목을 끌고 있다.[123]

기사에 나오는 혜화장은 이시영이 머물던 공관이고, 이화장은 이승만이 거처하던 이화동 사저이다. 이시영은 문교부 장관에 역사학자 정인보를 추천했으나 수용되지 않았다.

---

123 "조각 인선 문제에 불만, 이 부통령 일간 사직? 중대성명 보류. 초각의(初閣議)에도 불참", ≪경향신문≫, 1948년 8월 6일 자.

문교부 장관에는 이시영 부통령 추천으로 역사가 정인보가 물망에 올랐으나, 이범석 국무총리의 추천에 의한 일민주의一民主義 제창자 안호상이 결국 임명되었다.[124]

이승만은 조각에서부터 정부 운영 과정에서 철저하게 부통령을 배제시켰다.

---

124 천관우, 『자료로 본 대한민국 건국사』(지식산업사, 2007), 397쪽.

제13장

민족사의 불행과 비극 앞에서

반민특위 해체와 6·25전쟁 와중에

이시영이 노구를 이끌고 정부에 참여한 것은 자주독립국가를 세우고 부강한 통일민족국가를 건설하여 자손만대에 넘겨주자는 데 있었다. 추가하여, 헌법 제101조에 근거하여 국권 침탈기 일제에 협력해 민족반역행위를 했던 친일분자들을 처벌하기 위한 반민족행위처벌법을 제정하고, 반민특위 활동을 통해 매국적賣國賊·친일분자들을 단죄하는 데 힘을 보태고자 해서였다.

반민특위는 1949년 1월 8일부터 박흥식, 최린, 이종형, 이승우, 노덕술, 박종양, 김연수, 문명기, 최남선, 이광수, 배정자 등을 차례로 체포하면서 본격적인 활동을 시작했다. 친일세력을 기반으로 집권에 성공한 이승만 대통령은 자신의 지지세력 특히 친일경찰 출신의 경찰간부들이 구속되면서 불편한 심기를 드러냈다.

미군정에 이어 이승만 정권의 요직을 차지한 친일경찰 출신들을 중심으로 한 세력이 반민특위 간부들을 빨갱이로 몰고 각종 집회와 벽보를 통해 비난을 퍼부었다. 그리고 마침내 6월 6일 경찰이 반민특위를 습격함으로써 친일파청산을 청산시켰다. 그 중심에 이승만이 있었다. 이시영은 국무회의에서 이 같은 처사를 준열하게 비판했지만 이승만은 듣지 않았고, 국무위원들은 꿀 먹은 벙어리였다.

그러던 중 1950년 6월 25일 북한군의 전면 남침으로 한국전쟁이 발발했다. 이 대통령은 27일 새벽 2시에 대기시킨 특별열차를 타고 대전으로 피난하고 그 하루 뒤인 28일 오전 2시 30분에 육군공병부대에 의해 한강 철교가 폭파되어 다리를 건너던 시민 600~1200여 명이 수장되고 서울시민들의 피난길이 막혔다. 이시영은 한강 철교가 폭파되기 직전에 다리를 건너 피난길에 올랐다.

국군은 북한군에 계속 밀리고 부산이 피난수도가 되었다. 그런 와중에 대한민국의 군경은 거창 민간인학살 사건을 비롯한 만행과 국민방위군 사건 등 권력형 비리를 자행했다.

이시영은 8월 10일 공직자들에게 자숙과 협력할 것을 요청하는 「동포에게 고하는 성명서」를 발표했다.

"이 초비상 시국하에 당면한 우리 국민으로서 만일 저 하나만 살겠다는 야욕으로 국가 민족에 해독을 주는 자가 있다면 단연 용서할 수가 없는 것이다. 나라가 있고서야 향락도 영예도 있는 것이다"라고 역설했다. 미증유의 국난기에 피난 정부와 군 일부의 부패, 향락 풍조를 경고한 것이다.

이시영은 1950년 10월 13일 정부의 환도와 함께 서울에 도착하여 발표한 성명에서 수도 시민과 함께하지 못하고 피난했다가 돌아온 처신을 사과했다. 이승만이 '수도 사수'라는 거짓 방송으로 서울 시민을 속이고, 환도 후에는 오히려 '부역 혐의'로 수많은 서울 시민들을 탄압한 데 대한 반발이었다.

"정부 요직의 한 사람으로서 공비가 침범했을 적에 운명을 수도와 함께 못 했으며 위경危境에 빠진 국민에게 고별조차 못하고 떠나간 노구가 오늘 수복된 수도에 돌아오니 죄송하고 부끄러울 따름이다. 더욱이 내 눈으로 비인도적 도배들에게 무참하게도 학살당한 수많은 애국동포의 무덤과 또 몹시 회진된 시가의 노두路頭에 헤매는 이재민들을 보게 되고, 내 귀로 가지가지 뼈저린 국민 수난의 실담을 듣게 되매, 가슴 속에 치미는 애통을 무엇으로 능히 형언하랴. (……)

바라건대, 현명한 동포 여러분은 항상 자각적으로 국민된 의무를 다하여 이 중대한 시국의 역사적 과업 수행에 공동노력하시라. 이번 각 전선에 전몰한 국군과 유엔군 장병의 영령과 의로운 소신에 장렬 희생된 모든 애국 동포들의 영혼 앞에 삼가 명복을 비는 바이다."[125]

피난수도 부산에서 전란을 겪은 이시영은 틈만 나면 육군병원과 피난민 수용소를 방문하여 부상 국군과 피난민을 위로하고 민정시찰을 통해 어려운 국민의 생활을 현장에서 보살폈다. 다음은 1951년 4월 민정시찰을 다녀와서 신문 기자와 나눈 소회의 일단이다.

기자 상이군인을 보시고 느낀 점을 말씀해 주십시오.

---

125   박창하, 앞의 책, 115~116쪽.

성재 금반 여행 중 상병병傷病兵들을 위문하고 감루感淚를 금치 못했다. 그들은 병상에서도 기백이 늠름하며, 완쾌만 되면 다시 일선에 나가서 사신보국捨身報國하겠다는 용기들을 가지고 있으며, 그들의 토공멸적討共滅敵한다는 열의에 감격하였다. 후방에 있는 군인들도 모름지기 전선前線 장병들을 본따서 충성되고 강직한 군인 정신으로써 조국에 보답함이 있어야 될 것이다. 나는 전쟁에 있어 일선과 후방이 꼭 같은 정신을 가지고 연결됨으로써만이 승리가 있다고 믿는다.

기자 제2국민병 처우에 대하여 말씀해 주십시오.

성재 각지에 산재한 제2국민병 수용소의 무성의한 처우에 대하여 한심함을 견디지 못했다. 장래 이 나라를 걸머지고 나아갈 유위有爲한 청년들을 일조一朝 나라에서 부른 이상에 부른 값이 있고 보람이 있게 대우해야 되겠거든, 그 무슨 처사들인가. 그런 데다가 국민방위대 자체 내에서 불미한 독직사건瀆職事件을 일으키고 있다는 것은 참으로 형언할 수 없는 일이다.[126]

이시영은 6·25전쟁의 동족상잔에 남다른 아픔을 느꼈다. 일찍이 "신라는 당나라 병력을 끌어들여 고구려와 백제를 멸망시켰다. 비록 삼한을 통합한 공적은 있으나 동족 간에 창칼을 나눈지라 강역은 축소되었다. 또 나아가 역사 속에 피를 흘리는 누累를 끼치게 되었다"[127]라고 비판했던 역사인식의 차원이었다.

---

126 앞의 책, 120~121쪽.

127 이시영, 『감시만어』(일조각, 1983), 61쪽.

그가 독립운동 시절이나 대한민국 정부 수립에 참여하여 6·25전쟁 때 이승만 측근들에 의해 자행된 민간인 학살과 이승만의 독선·독주, 정권연장을 위해 저지른 횡포를 비판하는 일관된 역사관은 저서 『감시만어』에서 황염배의 책자를 비판할 때 쓴 "왜곡된 역사를 바로잡는다誣史辨正"라는 정신 그대로였다. 그는 왜곡된 역사를 바로잡고자 독립운동을 하고, 정부 수립에 참여했지만, 특히 부통령 재임 시에는 이승만의 견제로 제대로 역할을 하기가 쉽지 않았다.

부통령 자리를 내던지다

전쟁 중에 이승만 대통령의 행태는 국난을 극복하고 국민을 보호하여 자주독립국가를 세우려는 자세가 아니었다. 1951년 1월 국민방위군 사건이 벌어졌다. 정부는 국민방위군 설치법을 제정하여 제2국민병에 해당하는 만 17~40세의 장정들을 국민방위군에 편입시켰다. 국군의 후퇴가 시작되어 방위군을 후방으로 집단 이송하게 되자, 방위군 간부들은 이 기회를 틈타 막대한 돈과 물자를 빼돌려 사복을 채웠다. 그 결과 보급 부족으로 천 수백 명의 사망자와 환자가 발생했다. 이들이 부정처분한 돈과 물자는 당시 화폐로 무려 24억 원, 양곡 5만 2천 섬에 달했다.

국회는 진상조사에 나서는 한편, 4월 30일 방위군 해산을 결의함에 따라 5월 12일 방위군은 해산되고, 사건을 일으킨 김윤근 등 5명은 처형되었다.

국회조사단이 구성되어 국민방위군 사건의 진상조사에 나서자 이승만은 국방장관 신성모를 해임하고 이기붕을 임명하면서 수습에 나섰으나 이승만과 정부의 행태, 군부의 부패 문제는 쉽게 시정되지 않았다.

6·25전쟁을 전후하여 거창 사건을 비롯하여 전국(남한) 도처에서 100만 명에 이르는 민간인이 군경과 우익단체에 의해 학살되었다. 민간인 학살은 국군과 경찰, 특무대, 서북청년단 등 우익세력에 의해 '빨갱이', '통비분자'로 몰려 자행되고, 미군에 의해 집단학살된 경우도 적지 않았다.

특히 1950년 6~8월에 자행된 국민보도연맹(보도연맹) 학살 사건은 수법 이나 희생자 수에 있어서 천인공노할 만행이었다. 보도연맹은 1949년 반공 검사 오제도의 제안으로 이른바 좌익운동 전향자들이 보도연맹에 가입하면 전과를 묻지 않는다고 내세우며 조직했다. 그런데 막상 전쟁이 발발하자 군·경·서북청년단 등이 이들을 무차별 검거하여 집단학살한 것이다. 실제로 이들은 예비검속을 당하거나 자발적으로 경찰서에 출두할 때까지 생업에 충실한 민간인이 대부분이었다.

군·경과 우익단체들은 이들이 북한군에 동조할지 모른다는 이유에서 예 비검속하거나 강제로 검거하여 집단학살극을 자행했다. 전세가 불리해지자 남한 전역에서 이들에 대한 본격적인 학살이 감행되었다. 육지에서는 산속 이나 계곡, 강가 등 인적이 드문 곳에서, 해안지방에서는 배에 실어 돌을 매 달아 수장한 경우도 많았다.[128]

---

128   김삼웅, 『해방 후 양민학살사』(가람기획, 1996), 163쪽.

6·25전쟁 기간에 남한의 국민들은 북한인민군에 의해 학살당한 사람도 많았으나 군·경, 우익단체, 미군에 의해 희생된 경우도 이에 못지않았다. 일차적인 책임자는 현지 관련자들이지만, 정치적 책임은 오롯이 대통령 이승만에게 있었다.

정부는 북한군에 밀려 대전에서 대구로 이전했다가 1950년 8월 18일 부산으로 옮겼다. 1592년 4월 13일 일본군의 침략으로 선조가 국토의 최북단 의주로 피난한 이래 358년 만에 이번에는 이승만이 최남단 부산까지 피난한 것이다. 임진전쟁 때는 명나라에 구원을 요청하고, 6·25전쟁 때는 미국에 지원을 요청하게 되었다. 선조는 한때 명나라로 망명할 것을 준비했고, 이승만은 수도를 제주도나 일본으로 옮길 계획을 세웠다.

피난지 부산에 내려온 부통령 이시영은 이승만의 권력욕과 자신에 대한 견제, 끝없이 이어지는 동족상잔과 거창 민간인학살 사건에 대한 정부의 은폐조작 등을 지켜보면서 1951년 5월 1일 「국민에게 고함」이라는 한 통의 서한을 신익희 국회의장에게 보내고 부통령 사임서를 피난 국회에 제출했다.

이시영은 마침내 결단을 내렸다. 일찍이 삼한갑족의 기득권을 포기했던 그로서는 부통령 감투 따위는 크게 연연할 대상이 아니었다. 몇 차례 대통령을 만나 국정개혁안을 제시했으나 이승만의 태도는 반성의 기미가 전혀 보이지 않았다.

국회, 사임서 반려했지만 초지 관철

5월 9일 「부통령 사임서」를 신익희 국회의장에게 제출하고, 국민에게 진정을 밝히는 「국민에게 고함」을 공표했다. 「부통령 사임서」와 국민에게 고하는 글은 시점이나, 당시 정국에 미친 영향 그리고 문안 내용에 있어서 파장이 만만치 않고 국민의 충격도 적지 않았다.

이시영의 사임서는 5월 11일 국회에서 압도적 다수의 찬성으로 반려하기로 의결했으나, 그는 13일 다시 사임서를 제출하여 초지를 굽히지 않았다. 신익희 국회의장 등이 이승만 대통령을 방문하여 만류해 주기를 요청했으나, 그는 "정부가 싫다고 떠나는 사람을 어떻게 하느냐"라고 오히려 퇴임을 반기는 모습을 보였다.

신익희 국회의장 귀하

대한민국 부통령 이시영은 나의 존경하는 귀하에게 이 서한을 보내게 된 것을 영광으로 생각하나이다.

내 본시 노령에다가 무능한 인물임에도 불구하고 3작년 7월 20일 귀하와 및 선량 제공選良諸公의 돈독하신 중의衆意에 의하여 부통령으로 선거해 주신 데 대하여는 과분 또 참괴慙愧한 일이므로 당시 이것을 사퇴할까 했으나, 국민의 다수 의사라면 비재非才나마 만부득이한 일이라 하여 외람되게 그 대임을 인수했던 것입니다. 그러나 그 후 3년이란 시일이 경과하도록 국가에 이렇다 할 유익有益을 끼치지 못하고 국민의 복지를 위하여 아무러한 공헌이 없이 부질없이 보낸 것을 진심으로 부끄러워하는 바입니다.

귀하께서도 지실知悉하시는 바와 같이, 정부 수립 후 3년 동안에 국정은 내외로 다사다난한 중에도 우리 역사에 일대오점一大汚點을 찍은 저 공산 역도배의 불법침구로 말미암아 허다한 동포가 학살되었고, 민재民財도 모조리 약탈되었으며 전화戰火로 인하여 국토는 회신화灰燼化한 데다가 아직 동란은 종식될 바를 모르고 계속되는 중입니다. 그러한 중에도 내치, 외교 모든 면은 그 쇄신을 볼 수 없고, 진취 향상될 가망은 막연해서 그야말로 조국의 위기는 오늘처럼 중대하게 적면된 때가 일찍이 없던 것입니다.

그러나 이와 같은 곤란기에 처해서 이 대통령 이하 전 각료를 비롯하여 구국의 열이 지극한 바를 모르는 바 아니오나, 나 이시영은 원래 부하負荷된 직책이 헌법에 제정된 바와 같이 '대통령을 보좌함'이라는 데 있지만, 취임 이래 책무에 대한 실천이 하나도 없습니다.

솔직하게 충곡衷曲을 피력하자면 시위尸位에 앉아 소찬素餐을 대한 격에 지나지 못하는 것입니다. 이러한 나로서 최근 나는 내 자신이 너무나 무능했다는 것을 새삼스러이 깨달은 데다가, 그와 같이 나처럼 무능할 바에는 차라리 이 자리를 물러나서 국민 앞에 그 동안 무공무적無功無績했음을 사謝하는 것이 마땅한 일이라고 깊이 느낀 바 있어 국회의장인 귀하에게 이 뜻을 표하는 동시에 이것으로 사표를 대代하오니, 선량 제공에게 전달하시와 노신老身으로 하여금 짐을 덜게 해주시면 무한한 광영으로 생각하겠나이다.

끝으로 현명하신 제공에게 긴절緊切히 요청하고자 하는 것은, 국정감사를 더욱 엄밀하게 여행勵行하되 모든 부정 사건을 미온적微溫的인 태도에서 좀 더 적극적인 조치를 취함으로써 국민의 의혹을 석연釋然케 하여 주실 것입니다.[129]

이시영이 부통령을 사임할 때의 정황을 당시의 언론인은 다음과 같이 기술했다.

부통령 이시영 옹이 사표를 제출했다는 사실은 국회를 떠들썩하게 만들었다. 부통령의 사임을 만류해야 한다는 것이 지배적인 의견이었다. 그리하여 국회는 사임서 수리 여부를 가지고 논의한 끝에 재석 131인 중 가피 115표, 부否 1표로써 사표를 반려하기로 결정을 보았다.

그날 정오 동래東萊에 있던 이시영 부통령 댁에서는 국회부의장 조봉암, 장택상 양씨와 국회 각파 대표들이 이 옹 앞에 모여 앉았다.

"부통령 각하, 오늘 국회에서는 부통령께서 사임하셔서는 안 되겠다는 결의를 했습니다. 사의를 거두어 주시기 바랍니다"라고 이 옹에게 권했으나 이 옹은, "나의 생각에는 변함이 없소. 나는 그만두기로 결심했소. 그러니 이제 국회는 대통령을 보좌할 좋은 사람을 뽑도록 하시오"라고 말하면서 사의를 고집하는 것이었다.[130]

'하는 일 없이 세금 먹는 자리 떠난다'

이시영은 자신의 퇴진을 국민에게 직접 보고하는 것이 도리라고 믿어 사임서와는 별도로 「국민에게 고함」이라는 성명을 발표했다.

---

129 박창화, 앞의 책, 124~125쪽.

130 박성환, 『세종로 1번지』(국민문고사, 1969), 124~125쪽.

「국민에게 고함」

단기 4281년(1948년) 7월 20일 뜻밖에도 나를 초대 부통령으로 선임했을 때에 나는 그 적임이 아님을 모르는 바 아니었으나, 이것이 국민의 총의인 이상 내가 사퇴한다는 것은 도리어 국민의 기대를 저버리는 것이라는 생각으로 심사원려深思遠慮 끝에 받지 아니치 못했다는 것을 여기에 고백한다. 그 뒤 임연 3년 동안 오늘에 이르기까지 나는 대체로 무엇을 했는가.

내가 부통령의 중임을 맡음으로써 국정이 얼마나 쇄신되었으며 국민은 얼마나 혜택을 입었던가. 그뿐만 아니라 대통령을 보좌하는 것이 부통령의 임무라면 내가 취임한 지 3년 동안에 얼마만한 익찬翼贊의 성과를 빛내었던가. 하나로부터 열에 이르기까지 나는 그야말로 시위소찬尸位素餐에 지나지 못했던 것이다. 이것은 그 책임이 오로지 나 한 사람의 무위무능에 있었다는 것을 국민 앞에 또한 솔직히 표명하지 않을 수 없는 것이다.

그러나 매양 사람은 사람으로 하여금 사람답게 일을 하도록 해줌으로써 사람의 적능을 발휘할 수 있는 것이니, 만약에 그렇지 못할진대 부질없이 허위虛位에 앉아 영예에 도취될 것이 아니라, 차라리 그 자리를 깨끗이 물러나가는 것이 떳떳하고 마땅한 일일 것이다.

그것은 정부에 봉직하는 모든 공무원된 사람으로서 상하 계급을 막론하고 다 그러려니와 특히 부통령이라는 나의 처지로는 더욱 그러한 것이다. 내 본래 무능한 중에도 모든 환경은 나로 하여금 더구나 무위케 만들어, 이 이상 고위에 앉아 국록만 축낸다는 것은 첫째로 국가에 불충한 것이 되고, 둘째로는 국민에게 참괴慚愧스러운 일이 아닐 수 없다. 더욱 국가가 흥망간두興亡竿頭에 걸렸고 국민이 존몰단애存沒斷崖에 달려 위기간발危機間髮에 있

건만, 이것을 광정匡正하고 홍구弘救할 충성을 두드러지게 나타내는 동량지
재棟樑之材가 별로 없음은 어쩐 까닭인가.

그러나 간혹 인재다운 인재가 있다 하되 양두구육羊頭狗肉인 가면 쓴 우
국 위선자들의 도량跳梁으로 말미암아 초야의 은일隱逸이 비육髀肉의 탄식
嘆息을 자아내고 있는 현상이니, 유지자有志者로서 얼마나 통탄할 일인가.
그뿐만 아니라 정부 수립 이래 오늘에 이르기까지 고관의 지위에 앉은 인재
로서 그 적재가 적소에 등용된 것을 보지 못했다. 그런 데다가 탐관오리는
도비都鄙에 발호하여 국민의 신망을 표실漂失케 하여 정부의 위신을 훼손하
고 나아가서는 국시의 존엄을 모독하니, 이 어찌 신생 국민의 눈물겨운 일이
아니며 마음 아픈 일이 아닐까.

그러나 이것을 그르다 하되 고칠 줄 모르며 나쁘다 하되 바로잡으려 하지
않을 뿐 아니라, 그것의 시비를 논하던 그 사람조차 관위官位에 앉게 되면
또한 마찬가지로 탁수오류에 휩쓸려 들어가고 마니, 그가 참으로 애국자인
지 나로서는 흑백과 옥석을 가릴 도리가 없다.

더구나 이렇듯 관기가 흐리고 민정이 어지러운 것을 목도하면서도 워낙
무위무능하지 아니치 못하게 된 나인지라 속수무책에 수수방관할 따름이니
내 어찌 그 책임을 통감 않을 것인가. 그러한 나인지라 나는 이번 결연코 대
한민국 부통령의 직을 이에 사퇴함으로써 이 대통령에게 보좌의 직책을 다
하지 못한 부끄러움을 씻으려 하며, 아울러 국민들 앞에 과거 3년 동안 아무
업적과 공헌이 없음을 사謝하는 동시에, 앞으로 나는 일개 포의布衣로 돌아
가 국민과 함께 고락과 사생을 같이하려 한다.

그러나 내 아무리 노혼老昏한 몸이라 하지만 아직도 진충보국의 단심과

열성은 결코 사그라지지 않았는지라, 여생을 조국의 완전 통일과 영구 독립에 끝끝내 이바지할 것을 여기에 굳게 맹세한다. 그리고 국민 여러분은 앞으로 더욱 위국진충의 성의를 북돋아 국가의 위기를 극복하여 주시었으면 흔행欣幸일까 한다.[131]

이승만 집권 시절 경무대(현 청와대) 비서였던 박용만의 기록이다.

이 박사의 지나친 원맨십은 하나의 예로 우리나라 역대 부통령을 다 악세사리적 존재로밖에 인정치 않았으며 헌법상의 부통령을 부통령답게 대접한 일은 거의 없었다.

초대 부통령 이시영 선생, 2대 김성수 선생, 3대 함태영 선생, 4대 장면 박사 등 어느 분을 막론하고 부통령답게 일할 수 있게 찬스와 무대를 마련해주지 않았다.

이와 같이 해서 초대 부통령이던 이시영 선생과 2대 김성수 선생은 부통령직을 사퇴하고 말았었고 장면 부통령은 임기 중에 저격까지 당하는 불행을 맛보았었다.

이 박사가 보다 더 부통령과 가깝게 지내며 부통령의 '포지션'을 빛나게 해주고, 이분들을 대접해서 의견을 널리 청취하는 아량과 성의를 베풀었던들 이 박사는 '인의 장막'에 둘러싸여서 민심을 올바르게 보지 못하는 불행을 면할 수 있었을 것이며 '인의 장막'으로 비참한 비극을 당하지도 않았을

---

131 박창화, 앞의 책, 126~129쪽.

것이다.

필자가 경무대 비서로 있었을 때 종종 부통령 이시영 선생이 경무대로 이 박사를 찾아왔다.

이시영 선생은 너무나 노령이시고 또 몸이 불편하여 부통령직을 감당해 나가기에는 너무나 벅찬 일이기도 했었지만 (……) 이 부통령이 경무대에 오신다 하면 비서들이 현관까지 마중 나가서 부축을 양쪽에서 해서 모셨다.

이 박사께 이 부통령께서 오셨다고 말씀드리면 이 박사는 달갑지 않은 표정을 띠면서, "뭘 하러 또 오셨나? 별 이야기가 없어! 그분과 만나서 이야기해도 별말이 없는 거야!"하며 아주 못마땅하게 여겼었다.[132]

고뇌의 심경 담은 '시위소찬'의 의미

이시영의 「부통령 사임서」와 「국민에게 고함」의 성명서에는 '시위소찬 尸位素餐'이란 말이 거듭 나온다. 그의 심중은 이 '사자성어'에 압축되었다. 이후 한때 시중에는 '시위소찬'이란 용어가 유행하였다. 사전적으로는 '자기의 능력이나 분수에 어울리지 않게 높은 자리에 앉아 하는 일 없이 놀고 먹는 것'을 말하지만, 이 용어에는 사력이 깊다.

왕충王充의 『논형論衡』 「양지편量知篇」에 나온다. "벼슬아치가 가슴이 텅 비어 있는 것을 시위소찬이라 한다. 소素는 공空이다. 헛되이 덕도 없이 있으면서 남의 녹봉이나 축내고 있기 때문에 소찬이라고 한다. 도예에

---

132   박용만, 『경무대 비화』(한국정경사, 1975), 112~113쪽.

대한 능력도 없고 당시 정치에 참여하지도 않으면서 아무 말도 못하고, 조정에 머물면서 일에 대해 말 한마디 못하니 시동尸童과 다를 바가 없다. 때문에 시위라고 한다."

이시영의 역사적인 사임서의 작성에는 언론인 우승규의 도움이 있었다.[133] 이시영은 이승만 정권으로부터 홀대와 냉대를 당하면서도 전시라는 냉혹한 현실에서 인고의 나날을 보내고 있었다. 그러나 국민방위군 사건, 거창 민간인 대량학살 사건, 괴벽보 사건 등 이승만의 측근에 의해 저질러진, '전시정부'로서는 도저히 용납할 수 없는 사건과 이에 대한 이승만의 태도를 지켜보면서, 더 이상 정부에 남아 있을 이유를 찾지 못했다. 당시 한 신문이 논평한 '3대 사건'의 실상이다.

국방부와 국회를 이간시키는 것과 같은 벽보 사건, 허다한 부락민이 살해 당했다는 거창 사건, 제2국민병의 훈련을 위하여 사용되어야 할 금액이 부정 유용되었다는 국민방위군 사건, 이상 3대 사건은 그 어느 하나라도 국민의 관심사가 아닐 수 없으며 진상을 국민 앞에 명백히 하여 책임의 소재를 명확히 하지 않는다면 국민이 정부나 국방부를 믿고 총력을 경주하기는 어려울 것이다. 이러한 중대 사건이 발생할 때마다 일정형의 반대의견이란 국가의 대외적인 체면을 위하여 불명예스러운 사건은 엄폐하는 것이 좋다는 것이다.

그런데 유수한 외국 정보기관은 이미 이러한 사건을 숙지하고 있으므로

---

133   한국신문연구소, 『언론비화 50편: 원로기자들의 직필수기』, 1998, 705쪽.

국가의 대외적인 체면 운운은 허울 좋은 이유에 불과하고 그 실은 국민의 눈을 가리자는 것밖에 되지 않는다.[134]

이시영의 부통령 사퇴는 정부의 온갖 실정과 비리에도 책임을 지지 않는 이승만에 대한 일종의 반격이었다. 이와 관련해 한 신문은 사설에서, 부통령을 무위無爲케 만든 이승만의 독주와 독선을 완곡하게나마 지적하였다.

이 부통령은 그 사표를 내지 않을 수 없는 그 사정을 「국민에게 고함」과 국회의장에게 보낸 공한에서 피력했거니와 우리 정치가 민의에 부합되지 못하고 있으며 이는 그가 대통령을 옳게 보좌하지 못한 탓이라고 '솔직히 표명'하는 동시에 "모든 환경은 나로 하여금 더구나 무위하게 만들었다"라고 한 데 그 요점이 있는 것 같다. 오늘 우리 정치가 부통령이 걱정하는 것처럼 위태한 것이라면 그 원인은 이시영 씨의 '무능'보다도 "나로 하여금 더구나 무위케 만든" '모든 환경'에 있을 것이다. 그러므로 이시영 씨의 견해대로 이 환경이 무위케 만드는 그러한 환경이라면 어느 누구를 앉혀 놓아도 결과는 마찬가지일 것이니 이시영 씨가 그의 '무위무능'을 탄한 것은 염사로밖에 안 된다. 그렇다면 이 환경을 개조하지 않는 한 우리 정치의 개선이라는 것은 불가능하다는 결론이 나오는 동시에 이 환경을 어떻게 개선하느냐? 하는 문제가 제기될 것이다.[135]

---

134 "국민 앞에 공개하라", ≪동아일보≫, 1951년 3월 31일 자 사설.

이승만, 전시 중에 대통령 직선제로 개헌

이승만은 자신의 대통령 재선을 위해 여러 가지로 구상을 거듭했다. 원래 국회 의석의 분포로 봐서는 도저히 재선이 불가능한 구도였다. 그래서 짜낸 것이 대통령 직선제 개헌이었다. 상식적으로 대통령 선거가 직선제라 해도 전시하에서는 간선제로 바꾸는 것이 도리일 터인데 이승만은 거꾸로였다. 국가의 안위나 정치의 일반 상식보다 자신의 위상을 우선시한 것이다.

이승만은 제2대 대통령 선거에 대비하면서 1951년 11월 23일 자유당을 발족했다. 원내의 공화민정회, 원외의 국민회, 대한청년단, 대한노총, 대한부인회, 농민조합연맹 등의 대표들이 모여 신당발기준비협의회를 구성했다. 그러나 당의 주도권을 둘러싸고 원내파와 원외파로 분열되었다. 원내파는 이갑성을 중심으로, 원외파는 이범석을 중심으로 각각 자유당을 발족하여 하나의 이름으로 두 개의 정당이 만들어지는 기형적인 모습으로 자유당이 창당되었다.

이승만은 재집권을 위한 대통령 직선제 및 양원제 개헌을 앞두고 두 개의 자유당을 하나의 정당으로 통합하여 악명 높은 자유당을 만들었다. 자유당은 향후 10여 년 동안 집권당으로서 온갖 악행을 자행하게 된다. 이승만은 신당 조직과 관련하여 다음과 같은 담화를 발표했다.

---

135 "부통령의 사표", 《동아일보》, 1951년 5월 12일 자 사설.

내가 그간 수차 말한 바이지마는 정당조직이 아직 이른 것 같다고 한 이유는 우리나라에 사색편당의 역사와 그 습관성이 있어서 정당이라는 것이 그런 성질대로 구성이 된다면 우리 민국에 대단한 위험을 주게 되는 고로 편당주의를 타파하기 전에는 정당을 조직하는 것이 어렵다는 의미인 것인데, 그동안 내가 일민주의라는 주장으로 3, 4조건을 발표했을 때 가장 평범해서 사람마다 우부우부愚夫愚婦라도 다 알아보며 깨달을 수 있을 것을 표준삼아 파당과 분열을 초월하고 재래의 폐단되었던 반상과 빈부와 남녀와 지방 등의 구별로 통일에 방해되는 습관을 타파하고 한 민족 한 정신으로 통일을 이루어 가져야 우리 민국과 국민의 자유 독립을 보유 발전하고 부강해 나갈 수 있다는 이치를 표시한 것인데 일민주의가 민간에서 다소 전파되어 우리 의도를 알만치 되었으므로 이것을 토대로 삼아 정당한 정당을 세워서 만세 복리의 전도를 발전시키는 데 협력을 원하는 사람들이 이 기회를 이용해서 전국적으로 대동단결하는 것이 필요하다고 믿는 바이다.[136]

이승만이 1951년 11월에 제안한 대통령 직선제 개헌안은 공고 기간을 거쳐 1952년 1월 28일 국회의 표결 결과 재석 163명 중 가 19, 부 143, 기권 1로 부결되는 참패로 끝나고 말았다. 민국당 등 야권은 여세를 몰아 1952년 4월 국회의원 122명이 내각제를 골자로 하는 개헌안을 국회에 제출했다. 이에 당황한 이승만은 5월 14일 국회에서 이미 부결된 직선제 개헌안을 다시 꺼내 맞불을 놓았다.

---

136   시사연구소 편, 『광복30년사』(세문사, 1975), 127~128쪽.

직선제 개헌안이 국회에서 부결되자 이승만 측은 자유당과 방계단체인 국민회, 한청, 족청 등을 동원하여 1952년 1월 말부터 백골단, 땃벌떼, 민중자결단 등의 명의로 국회의원 소환 벽보와 각종 삐라를 뿌리는 등 공포 분위기를 조성했다. 또 전국애국단체 명의로 대통령 직선제와 양원제 지지 관제데모, 가두시위, 국회 앞 성토대회, '민의 외면한' 국회의원 소환요구 연판장 등 광적인 이승만 지지 운동을 전개했다.

이 같은 관제데모와 경찰의 방관과 방조 등으로 국회와 사회의 반이승만 정서는 더욱 고조되었다. 이에 따라 야당은 국회에 개헌정족수인 3분의 2보다 1명이 더 많은 122명이 내각책임제 개헌안을 제출하기에 이른 것이다. 국회의 분위기가 내각책임제 개헌으로 기울게 되자 이승만은 강압적인 수법으로 나왔다.

장면 국무총리를 해임하고 국회부의장 장택상을 총리에 임명하는 한편 이갑성, 윤치영 등을 자파 세력으로 끌어들였다. 친일가문 출신으로 미군정청 경찰의 수도청장, 초대 외무장관 등을 지낸 장택상은 그가 이끌고 있는 신라회 소속 21명을 대통령 직선제 개헌을 지지하는 쪽으로 돌리는 한편, 당시 발생한 서민호 의원 사건을 빌미로 정국혼란상을 조장하는 데 앞장섰다.

합법적 방법으로는 직선제 개헌이 불가능하다고 판단한 이승만은 5월 25일 정국혼란을 이유로 부산을 포함한 경남과 전남북 일부 지역에 비상계엄을 선포하고 영남지구 계엄사령관에 측근 원용덕을 임명하는 등 군사력을 개헌 공작에 동원했다. 적과 대치 중인 전방 전투부대까지 후방으로 빼내어 계엄령을 선포한 것이다.

계엄사령부는 즉각 언론검열을 실시하는 한편 내각책임제 개헌 추진을 주도한 의원들의 체포에 나섰다. 5월 26일에는 국회의원 40명이 타고 국회에 등청하는 통근버스를 크레인으로 끌어 헌병대로 연행했다.

이런 상황에서 이시영, 김창숙, 김성수, 장면 등 야당과 재야 원로들은 부산에서 호헌구국선언대회를 열어 이승만 독재를 규탄하고 나섰다. 이 시기에 이시영은 재야 원로들과 앞장서서 헌정수호투쟁을 전개했다. 해방 뒤 재야 민주화운동의 효시라 할 수 있다. 그러나 6·25전쟁 기념식상에서 김시현, 유시태 등의 이승만 암살미수 사건이 터지면서 반이승만 전선은 완전히 전의를 잃게 되었다.

장택상은 이런 기회를 놓치지 않고 국회해산을 협박하면서 발췌개헌을 추진했다. 발췌개헌안은, 정부가 제출한 대통령 직선제와 양원제에다 야당이 제안한 개헌안 중 국무총리의 추천에 의한 국무위원의 임면, 국무위원에 대한 국회의 불신임결의권 등을 덧붙인, 두 개 개헌안의 절충 형식을 취한 내용이었다.

발췌개헌안은 7월 4일 심야에 일부 야당 의원들을 강제연행하고, 경찰, 군대, 테러단이 국회를 겹겹이 포위한 가운데 기립표결로써 출석 166명 중 가 163명, 기권 3명으로 의결하고, 7월 7일 공포했다. 비상계엄은 28일 해제되었다.

이시영이 1952년 이른바 발췌개헌으로 정·부통령 직선제가 실시되면서 같은 해 8월 5일 실시된 제2대 대통령 선거에 입후보하게 된 것은 자신의 의지보다 민주국민당(민국당)의 요청에 따른 것이었다. 민국당은 한민당이 세간의 친일정당이라는 이미지의 쇄신과 이승만 독주를 견제하기 위하여 신익희의 대한국민당과 지청천의 대동청년단 세력 등을 규합하여 1949년 2월 10일 창당한 정당이다.

떠밀려 대선 후보에 나섰으나

민국당에서는 누구도 대통령 후보에 나서려고 하지 않았다. 국회의원들이 탄 버스를 헌병대로 끌어가고, 멋대로 헌법을 바꿔버리는 전시체제에서 감히 이승만에게 도전해봐야 승산은커녕 목숨도 부지하기 어렵다는 계산 때문이었다. 그런데 여기에 초대 농림부 장관과 국회 부의장을 지낸 조봉암이 혁신정치를 표방하며 대선후보에 나섰다.

보수야당을 자처하는 민국당으로서는 진퇴양난의 위기에 봉착했다. 자칫 제1야당의 지위를 혁신계에 넘겨주게 될지 모르는 상황이었다. 그래서 민국당 수뇌부는 국민의 신망이 높은 이시영을 대통령 후보로 추대한 것이다. "김창숙, 이동화, 김성수, 신익희, 장면 등 민국당과 재야인사 8명이 성재를 추대하자는 데 뜻을 모으고 공동성명을 냈다."[137]

이시영의 대통령 후보 출마 성명과 '정책 대요'는 다음과 같다.

---

137 ≪동아일보≫, 1952년 8월 3일 자.

대통령 후보 출마 성명

본인이 동지 여러분의 추천에 따라 대통령 선거 입후보에 당하여 한마디 국내외 동포에게 고하고자 합니다.

이제 내가 목적으로 하고 실현하고자 하는 것은 다만 하나입니다. 그것은 특권정치를 부인하고 민주정치를 확립하는 것입니다. 대한민국에도 훌륭한 헌법이 있으나 이를 사용하면서 대개 입으로 민주주의를 부르짖고 민의를 빙자하지 아니하는 자가 없습니다. 그러나 실제로는 우리 국민은, 그 진심의 요구를 마음 놓고 세울 수 있느냐 하면 결코 그렇지 아니합니다.

사욕에 급급하고 권세만 부리는 사람들이 국리민복에는 관심이 없습니다. 그리하여 우리나라의 경제는 이들 특수 계급의 권리 획득의 대상이 되어 함부로 농단壟斷되고, 그 결과 산업은 나날이 위축되어 가고 있습니다. 국민 대중은 헐벗고 굶주리어 사생 기로에 헤매고 있으나 누구 하나 이것을 개선하려고 하지 않고 또 개선할 수도 없을 만큼 되어 있습니다. 이것이 내가 말하는 특권정치요, 또 특권경제인 것입니다.

폐풍弊風을 시정하는 데는 무엇보다도, 국가의 운영을 국민의 의사意思 그대로 반영할 수 있고 정부 실정상 책임을 물어 교정할 수 있는 책임정치를 실현하는 것이 선결문제입니다.

고성古聖이 말하기를, '본립이말치本立而末治'라 했습니다. 우리나라 현하에 모든 폐단弊端의 근원은 꼭 여기에 있는 것입니다. 이 근원을 고치기만 하면 모든 것이 바로잡히어 우리는 잘 살 수가 있게 되는 것이고, 만약 그렇지 못하면 우리는 불행과 고통을 면하기 어려운 것입니다. 그러므로 나는 다만 한 점의 시정하는 것을 우리 민족 국가에 부하된 최대 임무로 삼으려고 합니다.

이 이상이 실현되기만 하면 초야에 파묻혀 있는 유재유능有才有能한 인물
이 울연蔚然히 적폐를 일소하고 국정을 쇄신하여, 진정한 자유와 평화의 번
영을 이 강토에 가져오게 될 것을 확신하는 바입니다.

내가 미력을 돌보지 아니하고 감연히 대통령 선거에 출마하기로 결심한
이유는 여기 있습니다. 원컨대, 국민 여러분의 적극적 협력에 의하여 우리
민족 국가의 비원의 일단이 이 기회에 이루어질 것을 절절切切 기원할 따름
입니다.[138]

정책 대요

　① 초법超法 특권정치를 부인하고 국민의 자유로운 환경에서 진심의 요구
를 할 수 있는 진정한 민주주의 정치를 확립한다.

　② 독점경제를 타파하고 균등한 민주경제를 구현시켜 국민 대중을 공존
공영케 하고 위축된 산업을 재건한다.

　③ 국민의 의사를 그대로 반영하고 정부 실정을 물을 수 있는 책임정치를
실현함으로써 국리민복의 번창을 기한다.[139]

전쟁 중에 치른 선거는 목불가관이었다. 이승만 후보 외에는 정상적인
선거운동을 하기 어려웠다. 선거를 감시하기 위해 한국에 온 '유엔한국위

138　박창화, 앞의 책, 137~138쪽.

139　앞의 책, 138~139쪽.

원회'가 "등록마감일(7월 26일)과 투표일(8월 5일)과의 사이가 짧아 선거운

동을 잘할 수 없었으며 재직자는 유리하고, 특히 벽지에서는 이 대통령을

제외하고는 어느 후보자의 인격, 경력 또는 정강도 잘 알려지지 않고 있다

는 사실을 발견했다"[140]라고 유엔에 보고할 정도였다.

　이승만 정권의 온갖 탄압에도 조봉암이 2위, 이시영이 근소한 차이지만

3위에 그치고 만 것은 더욱 충격이었다. 이승만 523만 8769표, 조봉암 79

만 7504표, 이시영, 76만 4715표, 신흥우 21만 9696표였다. 당선보다는

민주주의 발전과 이승만 견제를 위한 출마였으나 참담한 결과는 이시영

의 정치생명에 치명상이 되었다.

140　이기하, 『한국정당발달사』(의회정치사, 1961), 313쪽.

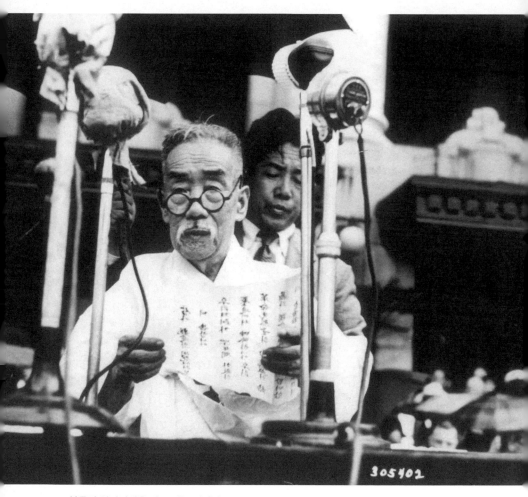

▲ 부통령 취임연설을 하고 있는 이시영.

▲ 기념식수를 하고 있는 이시영 부통령.

제14장

서거와 국민장 그리고 추모 사업

서거할 때까지 대종교 참여

이시영은 유학자 출신이지만 1918년 3월 망명지에서 대종교大倧教에 입교한 이래 서거할 때까지 줄곧 신앙인이 되고, 환국 후 한때 모든 공직에서 물러나면서도 대종교의 원로원장 등은 유지했다.

1900년을 전후하여 나라의 운명이 크게 흔들리고 있었다. 국정은 오랜 세도정치로 부패, 타락하고 백성들은 가렴주구에 시달려 기진맥진한 상태가 되었다. 천주교가 들어와 반상의 신분질서를 바꾸고자 했지만 정부의 혹독한 탄압으로 수많은 순교자를 낸 채 지하에 숨어들었다. 동학농민군이 폐정개혁의 마지막 몸부림을 쳤지만 외세가 들고 온 신식 무기에 녹두꽃처럼 떨어지고 말았다.

그야말로 내우외환이었다. 백성들은 육체적으로 시달리고 정신적으로 황폐화되었다. 이럴 즈음 이 땅에서는 각종 민족종교가 창도되고 부활하여 신생新生의 햇불이 되거나 혹세무민에 나섰다.

천도교, 시천교, 청림교, 상제교上帝教, 수운교, 경천교, 천도명리교天道明

理教, 제우교濟愚敎, 백백교, 태을교太乙敎, 보천교, 단군교, 대종교, 원종교元宗敎, 원불교圓佛敎, 증산교 등이 치병에서 영혼구제, 국난극복에 이르기까지 제각각 사명과 교리를 제시하면서 창도되었다. 민족종교 중에는 본래의 목표대로 정진하는 교단이 있었는가 하면 상당수는 변질되어 친일 매국의 앞잡이가 되거나 국난기에 편승하여 혹세무민을 일삼기도 했다.

일제강점기에 민족종교 중에서 대종교는 가장 격렬하고 줄기차게 일제 침략자들과 싸웠다. 대종교의 전신인 단군교의 전통과 뿌리가 있었기에 가능한 일이었다.

단군교는 단군조선 시대부터 명칭을 달리하면서 면면한 민간신앙의 전통으로 이어졌다. 부여에서는 대천교代天敎, 예맥에서는 무천, 마한에서는 천군, 신라에서는 숭천교, 고구려에서는 경천교, 발해에서는 진종교, 고려에서는 왕검교, 만주에서는 주신교, 기타 다른 지역에서는 천신교라 불리면서 개국주開國主 단군을 받들었다.

단군숭배 사상을 기초로 한 단군교는 옛날부터 단군을 시조始祖, 국조國祖, 교조敎祖로 신봉하면서 명맥을 이어왔다. 불교가 들어오면서 단군교는 사찰 본당과 대웅전의 뒤편 삼신각에서 간신히 잔명을 유지하고, 유교가 국교가 되면서는 공자나 주자에 밀려 존재를 찾기 어려웠다. 기독교(천주교)가 유입되면서 '우상'으로 전락되고, 일제강점기에는 말살의 대상이 되었다.

단군(교)의 존재가 역사현장으로 새롭게 등장한 것은 고려시대 몽골제국에 맞서 싸우면서 내부적으로 민족의식, 민족적 일체감이 형성되면서부터다. 안으로는 무인정권의 폭압에 시달리고 밖으로는 세계를 제패한 몽골의 침략으로 국토가 쑥대밭이 된 민족수난기에 내적인 민족통합의 정신적 일체감이 단군을 구심점으로 하여 형성되었다.

이 시기에 단군을 국조로 하는 일연一然 선사의 『삼국유사』와 이승휴의 『제왕운기』가 편술된 것은 결코 우연이 아니었다. 민족적인 위기를 건국조를 중심으로 극복하려는 의지의 소산이었다.

몽골제국이 13세기 초에서 중후기까지 80여 년 동안 고려의 정치에 간섭할 때 나타난 단군교가 20세기 초 일제의 침략으로 다시 국가안위가 위태로워지면서 국권회복의 정신적 구심체로서 부활했다. 몽골침략 이후 700여 년간 단절되었던 단군교가 1910년 8월 5일 나철이 대종교로 교명을 개칭하면서 국난극복의 '구원투수'로 등장한 셈이다.

단군교가 대종교로 명명한 날을 중광절이라 한 것은 단군신앙의 부활을 의미했다. 중광重光(거듭 빛남)이라는 국교國敎의 계승을 분명히 한 것이다. 대종교가 중광을 계기로 한민족의 독립의지를 강하게 표명하면서 일제의 가혹한 통제와 탄압이 뒤따르게 되었다. 일제는 대종교를 항일구국 운동의 비밀결사체로 인식하면서 치안경계 대상으로 삼아 극심하게 탄압했다.

국내에서 활동이 어렵게 된 대종교는 1911년 7월 21일 백두산 기슭의 화룡현 청파호로 총본사를 옮겼다. 동포들이 가장 많이 사는 이 지역에 총본사와 대종교 경각 등을 짓고 이곳에 뿌리를 내렸다. 청파호를 근거지로 삼아 4도 본사를 각기 청파호, 상하이, 서울, 소왕청小汪淸에 두고 조선, 중국, 러시아 연해주 등 조선족이 사는 곳에 학교를 세워 포교활동과 민족교육을 실시했다.

조선총독부가 1915년 10월 1일 이른바 '종교통제안'을 공포하여 대종교에 포교금지령을 내리면서 공식적으로는 해방이 될 때까지 국내에서 포교활동이 중단될 수밖에 없었다.

대종교가 민족정통 사상을 계승하면서 독립운동의 중심으로 자리 잡게 되자 각지의 애국지사들이 속속 모여들었다. 대종교 중광의 주역인 나철은 "나라는 비록 망했으나 정신은 가히 존재한다"라는 국수망이도가존國雖亡而道可存의 정신으로 독립운동과 단군신앙을 일체화했다. 이에 따라 대종교에서는 일제의 조선사 왜곡에 맞서 단군에 대한 서적을 대량으로 출간했다.

1914년에 『신단실기』와 『신단민사』의 발간을 시작으로 1922년에 『신고강의』, 『신리대전』, 『회삼경』, 『신사기』, 『조천기』, 『신단민사』, 『신가집』을 간행했다. 이어서 1923년에는 국문으로 된 『현토신고강의』, 『신리대전』, 『신사기』, 『화삼경』, 『신단민사』 등을 발간하고, 이와 함께 『신고강의』, 『종리문답』, 『신가집』, 『배달족강역형세도』 등 교적을 속속 간행했다.

대종교의 사서 간행은 1930~1940년대에도 이어져서 『삼일신고』, 『신단실기』, 『오대종지강연』, 『종문지남』, 『한얼노래』 등을 펴내어 동포들을 교육하고 민족혼을 지켰다. 이시영이 『감시만어』를 집필할 때에, 대종교의 각종 서책이 많이 참고가 되었다.

1910년의 국치를 전후하여 만주, 러시아령, 중국 관내 등지에서 독립운동을 지도하던 인사들은 대부분 대종교 관계자들이었다. 대표적인 인물과 참여 시기를 살펴본다.[141]

김교헌 1910년 1월	서일 1912년 10월
윤세복 1910년 12월	이상설 1909년
이동녕 1912년	신규식 1909년 1월
조완구 1910년 10월	이시영 1918년 3월
박은식 1913년 4월	황학수 1922년 10월
김승학 1922년 9월	김좌진 1917년
신채호 ?	김동삼 ?
안희제 1911년 10월	김규식 ?
조소앙 ?	

이시영은 민족의 자주독립의 정신적 지주로 단군을 설정하고 만주에서 대종교에 참여했다. 상하이에 대한민국 임시정부가 수립될 때 국무위원급으로 선출된 대종교 관계 인사로는 신규식, 이시영, 박은식, 이동녕, 조성환, 박찬익, 조완구, 윤세이, 현천묵, 황학수 등이 꼽힌다.[142]

이시영이 대종교에 입교한 후, 즉 1919년 1월(양력) 만주에서 대종교가 중심이 되어 발표한 「대한독립선언(무오독립선언)」에 참여하고, 상하이에 수립된 임시정부의 의정원과 각료 중에 대종교인들이 많은 것으로 보아,

---

141 김동환, 「기유중광(己酉重光)의 민족사적 의의」, 제1집(한국정통문화연구회 국학연구소, 1988), 119~120쪽.

142 앞의 책, 주석 113.

이때부터 임시정부 수립론이 논의되었을 가능성이 있다.

이시영은 해방 후 환국하여 대종교 원로원장, 사교司敎, 도형道兄 등을 맡아 활동했다. 그는 망명 후 1912년 러시아 연해주와 중국 동북3성을 두루 순방할 때 뒤에 3대 교주가 되는 윤세복의 초청으로 북간도 삼도구三道溝에 설치된 대종교 지사支司를 찾았다. 윤세복과는 국내에서부터 각별한 사이였다.

이시영이 국난과 격동기에 자신을 지키고 정도를 꿋꿋하게 걸을 수 있었던 것은 조국광복의 당위와 대종교의 신앙 덕분이 아니었을까 싶다.

피난 수도에서 85세로 서거

이시영은 정계에서 물러났지만 나랏일에 대한 걱정은 한시도 내려놓지 않았다. 내려놓을 수 없는, 그의 숙명이었다. 어떻게 되찾은 나라이고 새로 세운 정부인가. 자신을 포함하여 국정을 책임진 정부 요인들이 전쟁을 막지 못하고, 참혹한 전쟁은 아직 끝나지 않았다.

전란 중에 이승만은 대통령 직선제 개헌을 강행하고 1952년 8월 정·부통령 선거를 실시하여 재선에 성공했다. 이시영은 이를 막고자 했으나 전시체제인 데다 야당의 힘이 부족했다. 휴전협상이 시작되었지만 이승만은 여전히 반대하고 있었다. 전혀 현실성이 없는 북진통일론을 펴고 이를 정략에 이용했다. 남북 쌍방에 약 150만 명의 사망자와 360만 명의 부상자를 내고 국토의 피폐화를 가져왔는데도 그는 휴전협상을 반대했다.

1953년 4월 13일 피난수도 부산 동래의 우거에서 성재 이시영 선생은

85세를 일기로 눈을 감았다. 파란곡절, 파란만장의 생애였다. 성재 이시영은 운명이 경각에 다다랐음을 알고 분명한 소리로 유언했다.

내가 죽어도 장례식은 아주 간단하게 치르거라. 내가 나랏일을 다하지 못하고 가야 하니 원통하구나. 너희들은 내 뜻을 받들어 언제나 나라를 사랑하고 국민을 위하는 사람이 되어라.[143]

성재의 부음은 6·25전쟁이 아직 끝나지 않고 이승만 정권의 폭정이 계속되는 시기여서 국민에게는 더욱 큰 충격과 슬픔으로 전해졌다. 국내외에서 유명, 무명의 많은 인사들이 조전과 조사를 보냈다. 4월 25일 발인식에 이어 국민장으로 장례가 엄수되어 서울 정릉동 남쪽에 임시로 예장했다(1964년에 수유동 현 위치로 이장함).

장개석 중화민국 총통이 조사를 전해왔다(원문은 한문).

하룻밤 사이 큰 별이 강으로 떨어지니
하늘이 슬퍼 흔들리고
골짜기의 물마저 슬퍼 스스로 우니
원통한 마음에 첩첩이 쌓여 있는
큰 산이 나를 누른다 하여도
가벼이 느껴지누나

---

143   이경남, 『선구자』(지문사, 1986), 70쪽.

국내에서는 신익희 국회의장을 비롯하여 함태영 부통령, 이범석 전 국무총리, 독립운동가 김창숙, 신흥학우단, 대종교 본사, 대한노총연맹, 심지어 훼절자 최남선 등 각계각층에서 수많은 추모사, 조사, 만장이 답지했다. 그중에 몇 사람의 것을 골라서 요약 소개한다.

국회의장 해공 신익희 조사

막막한 만주의 광야풍설曠野風雪이 온 누리를 얼어붙게 하는 시베리아 벌판에서 망국의 한을 품고 가족과 함께 유리流離할 때에 누가 있어 선생의 가슴을 어루만지며, 선생의 고단孤單한 길을 도왔으리까. 그러나 선생은 불굴의 용기를 고무하여 간도間島에 신흥무관학교를 세우고, 청년 장교를 양성하여 조국 광복의 기초를 놓으셨습니다.

후일 일도구一道溝 봉오동과 청산리에서 왜적과 대결하던 청년 사병의 대부분이 이 학교에서 어린 다리에 힘을 올리고 부등깃이 난 것입니다. 이 나라 민족의 성장과 함께 35년 전에 전 세계를 진감震撼하던 3·1혁명은 실로 해내, 해외에서 선생과 같은 지사들이 씨를 뿌리고 싹을 가꾼 결과였습니다.

선생이 상해 임시정부의 재무를 맡았을 때 나도 그 기관의 말석에 있으면서 선생의 높은 지도와 지성스러운 실천에 계발된 바 이루 헤아릴 수가 없습니다.

전 국무총리 철기 이범석 조사

선생님이 상해 시대에 주신 말씀 "기旣 연年이 신新하고 일日이 신新하니 성誠과 역力이 체신하여 아我의 직職을 신케 하며, 아의 사事를 신케 하여 진진불이進進不已로 정신과 행위에 노력점努力點을 작作하여 구舊의 불급不及을 보補하며 신新의 광휘를 조장하는도다. 심心이 일一하며 덕德이 일一했나니 군휘群彙와 군력群力이 하강何剛을 절절折치 못하며 하예何銳를 좌좌挫치 못하리오" 하신 유지는, 지금 3천만 동포가 가슴 속에 뿌리 깊이 감명되어 영원히 민족의 신념으로서 국가 독립과 민족자유를 수호하는 의력毅力이 될 것입니다.

선생님을 건국 초대 부통령으로 전 민족이 받들어 모신 것은, 선생님의 전 생애를 조국 광복과 민족 해방에 공헌하신 고절을 흠모하던 국민의 공동한 정성이었음은 말씀할 것도 없습니다만, 선생님은 하야하신 뒤도 제세구민을 몽매간에 잊지 않으셨사오니, 성고聖高하신 절의와 적성赤誠은 길이 이 나라에 광명을 비추실 줄로 믿사오나 인자하신 존안옥음尊顏玉音 다시 모실 길 없사오니 복받치는 슬픔 자제할 길 없습니다.

독립운동가 심산 김창숙 조사

단기 4281년 8월 15일. 우리 국권을 회복하고 빛나는 독립의 성업을 이룩했을 때 우리는 선생을 초대 부통령으로 받들어 뫼셨습니다. 선생은 춘추 높으셨음에도 불구하고 밤낮으로 국무에 영일이 없었으며 높으신 지위에 계셨지만 마음은 일상 민중에 두서서 대통령 보좌의 중임을 다하시니, 우리 국민은 항상 선생을 믿고 살아왔더이다.

선생이 부통령의 자리를 물러나실 때는 우리 국민은 더욱더 선생의 뜻을 받들어 가슴에 새기었고, 이 나라 국운이 위태할 때마다 우리 국민은 일층 선생의 덕을 사모하게 되었습니다.

선생은 청렴 결백하시어 평소 청빈한 생활을 하시고 피난 이래 동래우사東萊寓舍에서 기거하시며 때로는 시량柴糧조차 곤란했다 하니, 이 무슨 국가 원로에 대한 보답이오며 민족의 독립을 위하여 일생을 바치신 애국지사에 대한 민족의 도리가 되오리까. 선생의 뜻은 바라심이 아니라고 하더라도 선생을 편히 모셔드리지 못했음이 이제 더욱 부끄럽고 죄스러우며, 국민적인 자계자경지심自誠自警之心이 더욱 간절하오이다.

아아, 슬프다!

선생 이미 가서서 다시 돌아오지 못하니, 생전에 받들지 못한 마음 백배 뉘우침이 있는 것보다 통일된 국가에서 민족의 발전을 기대할 날도 아직 먼데, 우리는 선생을 여의고 누구를 믿고 의지하여 이 민족의 성업을 수행하여 나갈까 더욱 걱정이 크오이다. 실로 민족의 전도는 암담하오이다.

신흥대학 학우단원 일동 추모사

3천만 민족을 그렇게도 아끼시고 사랑하시며 조국 통일을 염원하시더니 끝내 통일을 못 보시고 자자각각字字刻刻 바로 새기신 듯한 고귀하신 혈혼만 남기시고 피난하신 우거에서 저희 무리를 남기시고 영원히, 영원히 가셨단 말씀입니까. 그러나 선생은 천탑天榻이 길이 높으시사 하늘의 부르심에 응하시어 진세塵世를 떠나가셨으나 우리 학우단은 선생의 정신을 생생하게 계승하여 재세시在世時 선생의 맥박과 같이 성재학원의 진흥을 꾀하옵고, 또 후세에 전하오며 이 나라 민족의 당당한 독립 민족으로서 선생의 위대하신 사적事蹟을 받들 것을 맹세하오며, 길이길이 안면하옵소서.

육당 최남선 추모사

　일체를 다 버리고 대의^{大義} 하나 취하실새 요연로도수검산^{遼燕瀘刀水劍山} 눈에 두지 않으시니, 그 정신 고국에 옮겨 점점 빛나시도다.

　보려고 이루려고 애써 오신 나라 이룩, 실끝도 안 잡히고 앞이 가장 캄캄한 때 누구를 믿으시겠다 눈을 감으시니까.

　그래도 이 어른이 계시거니 했더라. 별안간 삼천리가 휘어진 것 같을시고, 이 뒤야 청풍고표^{淸風高標}를 어디 다시 보리요.

　정부는 1949년 8월 15일 성재 선생에게 건국공로훈장 중장을 수여하고, 1984년 12월에는 '성재 이시영 선생 기념사업회'(초대회장 윤택중)가 설립되었다. 기념사업회는 1986년 서울 남산 백범 김구 선생 동상 곁에 성재 이시영 선생 동상을 세움으로써, 해방 뒤 한때 갈라섰던 두 분이 저승에서라도 다시 함께하기를 기원했다.

　빛나되 번쩍이지 않은^{光而不耀} 성재 이시영 선생의 생애는 우리 근현대사의 정맥^{正脈}이고, 정통^{正統}이고, 노블레스 오블리주의 사표^{師表}이며, 선비형 지사의 표상^{表象}이 아닐까.

■■ 성재 이시영 선생 연보

연도(나이)	약 력
1869	12.3. 서울 저동(苧洞)에서 출생, 아버지 좌찬성 행이조판서(行吏曹判書) 효정공(孝正公) 유승(裕承)과 어머니 동래정씨(東萊鄭氏) 이조판서(吏曹判書) 정순조(鄭順朝)의 따님 사이에 7형제 중 다섯째로 태어남
1869~1884	한문 수학
	초취부인 경주김씨(慶州金氏, 領相 金弘集1의 따님)와 혼인
1885(16세)	1.27. 동몽교관(童蒙敎官)에 임용된 후 동몽효문관(童蒙孝文官)으로 승전(承傳)
	식년감시(式年監試)에 급제하여 생원(生員)이 됨
1886(17세)	3.15. 남행가주서(南行假注書)로 제수되어 근정전에 입시
1887(18세)	형조좌랑(刑曹佐郞)에 임명됨
1888(19세)	10.9. 세자익위사(世子翊衛司) 우익찬(右翊贊)에 특진되어 동궁 경연(東宮2 經筵)에 입시하고 좌우익찬(左右翼贊), 좌우익위(左右翊衛)로 3년간 동궁 강연(東宮 講筵)에 봉사
1889(20세)	6.5. 장남 이규봉(李圭鳳, 1946년 李圭昶으로 개명) 출생

---

1 김홍집은 후에 영상(領相)에 오르지만 이시영을 사위로 삼을 때는 1880년에 2차 일본 수신사로 다녀와서 『조선책략(朝鮮策略)』을 고종에게 바쳤다가 영남유생들의 공격으로 퇴진하여 재야에 있던 중 1884년 갑신정변 이후 다시 온건개화파로서 좌의정 겸 외무독판에 오르기도 하였던 시기이다.

2 당시 동궁은 1874년생으로 세자가 되고 후에 순종으로 즉위한다.

1891(22세)	6.19. 증광문과(增廣文科)에 급제하여 홍문관 부교리(弘文館 副校理3)로 세자시강원(世子侍講院)에서 4년간 서연(書筵)에 입시(入侍), 전후 7년간 동궁을 모시고 치국대법(治國大法)을 전언
1892(23세)	3.9. 홍문관 응교, 교리, 수찬에 임용됨, 규장각 직각 권점(圈點)을 받음, 시강원 겸문학(兼文學) 역임
	6.8. 병조정랑(兵曹正郎)에 임용됨
1893(24세)	사헌부, 사간원의 요직 역임
1894(25세)	6.25. 승정원 동부승지(同副承旨)로 정삼품(正三品)에 제수됨
	6.26. 우승지(右承旨)에 임명됨
1895(26세)	청일전쟁 중 어명을 받들고 관전사로 3개월간 요동(遼東) 반도와 뤼순·다롄(旅順·大連)을 시찰
	5.16. 영선사장(營繕司長)으로 전임됨
	6월 상배(喪配)를 당함(몇 년 후 박씨 부인과 재혼)
1899(30세)	모친상을 당함
1904(35세)	10.29. 충청도 관찰사로 임명되었으나 사표를 제출하여 취임하지 않았고 별판부 엄지(別判付 嚴旨)가 내려짐
1905(36세)	1.24. 정삼품 외부 교섭국장(交涉局長)으로 임명됨4
	3.16. 문관전고위원(文官銓考委員)에 임용됨
	3.18. 차남 이규홍(李圭鴻, 46년 李圭悅로 개명) 출생
	12.8. 외부 교섭국장으로서 상소를 올려 정교(政敎)쇄신을 촉구

---

3 『조선왕조실록』의 고종실록 28권(고종 28년 7월 21일)에 홍문관 부교리 중비(中比)로 제수되었다고 기록되어 있다. 또한 고종실록 28권(고종 28년 8월 30일)에 교리(校理)로 기록되어 있다.

4 고종 42년(1905년) 1월 24일 임명되었다(고종실록 45권).

	하며 사직을 청하였으나 사직 청구는 받아들여지지 않음
1906(37세)	아버지 별세
	9.27. 평안남도 관찰사로 임명됨
	전임 관찰사가 일인에게 빼앗긴 민형사(民刑事)상의 사법권을 되찾고, 평남 지역 일대에 신학문을 고양하여 지방마다 학교 설립과 애국배일의식 교육
1907(38세)	광무11년 6.5. 중추원찬의(칙임관 2등)에 서임(敍任)
	8.14. 한성재판소 수반판사(首班判事) 정삼품
	9.10. 법률기초위원(法律起草委員)
	9.13. 홍문관 부학사(弘文館副學士) 겸임
1908(39세)	8월 한성재판소장 서리 겸임
1909(40세)	1월 1일 법부 민사국장(民事局長)에 서임
1909(40세)	7월 20일 법부 민사국장으로 훈3등 팔괘장(勳三等 八卦章) 하사 받음
1910(41세)	12월 5형제와 함께 일가식솔 40여 명 거느리고 만주로 망명
1911(42세)	5월 14일 지린성 유하현 삼원포의 임시 교사에서 신흥강습소 개교
1912(43세)	통화현 합니하에 정규학교로 신흥무관학교 교사 완공하여 이주 동삼성(東三省) 및 러시아령 연해주 일대 시찰
1913(44세)	일본 대판매일(大阪每日) 신문에 "이시영 만주의 무관제왕이요, 만주일대 살인강도 두령"이란 기사 보도
1919(50세)	4.11. 대한민국 임시정부 초대 의정원 의원 겸 법무총장
	9. 대한민국 임시정부 재무총장
1920(51세)	8月 9日 경성고등법원에 내란죄(內亂罪)로 기소됨

1929(60세)	대한독립당 창당(감찰위원장 역임)
1933(64세)	대한민국 임시정부 국무위원 겸 법무위원
1934(65세)	저서 『감시만어(感時漫語)』 출간
1935(66세)	한국국민당 창당(감사 역임), 10월 대한민국 임시정부 겸 법무총장
1942(73세)	대한민국 임시정부 재무총장
1945(76세)	해방되어 귀국, 11월 대종교의 사교(司敎), 교단 원로원장
1946(77세)	성균관 총재, 대한독립촉성국민회 위원장
1947(78세)	공직 사퇴 및 정계 은퇴, 신흥대학을 설립하여 교육사업에 진력
1948(79세)	대한민국 초대 부통령에 피선
1949(80세)	대한민국 건국공로훈장 중장(1967년에 건국훈장 대한민국장으로 개칭) 받음
1950(81세)	6.25. 전쟁이 발발하여 부산 동래온천장으로 이주
1951(82세)	5. 국민방위군사건 등 이승만의 부패정치에 항의하여 부통령 사임, 「국민에게 고함」 발표, 대종교 원로원장, 도형(道兄)
1952(83세)	6. 국제구락부 사건(반독재호헌구국선언 사건) 참여 8. 제2대 대통령 선거에 민주국민당 대통령 후보로 출마하여 낙선
1953(84세)	5. 동래 우거(寓居)에서 서거, 국민장 엄수

지은이 **김삼웅**

≪대한매일신보≫(구 ≪서울신문≫) 주필을 거쳐 성균관대학교에서 정치
문화론을 가르쳤으며 독립기념관장을 역임했다. 민주화운동관련자명예회
복및보상심의위원회 위원, 제주4·3희생자진상규명및명예회복위원회 위원,
백범학술원 운영위원 등을 역임하고 친일반민족행위진상규명위원회 위원
(국회 추천), 친일파재산환수위원회 자문위원, 친일인명사전 편찬위원회 부
위원장 등을 맡아 바른 역사 찾기에 부단히 노력하고 있다.

저서와 편서로는 『친일정치 100년사』, 『한국 민주사상의 탐구』, 『해방후
양민학살사』, 『금서』, 『한국필화사』, 『곡필로 본 해방 50년』, 『한국현대사
바로잡기』, 『겨레유산 이야기』, 『보는 사람 없어도 달은 거기 있는가』, 『왜
곡과 진실의 역사』, 『일제는 조선을 얼마나 망쳤을까』, 『위서』, 『白凡金九
全集』(12권, 공편), 『박은식, 양기탁 전집』(10권, 공편), 『단재 신채호전집』
(9권, 공편), 『을사늑약 1905: 그 끝나지 않은 백년』, 『박열 평전』, 『백범 김
구 평전』, 『단재 신채호 평전』, 『만해 한용운 평전』, 『심산 김창숙 평전』,
『녹두 전봉준 평전』, 『약산 김원봉 평전』, 『안중근 평전』, 『장준하 평전』
등이 있다.

광이불요의 지도자
성재 이시영 선생 평전

ⓒ 김삼웅, 2020

지은이 ㅣ 김삼웅
펴낸이 ㅣ 김종수
펴낸곳 ㅣ 한울엠플러스(주)
편 집 ㅣ 김용진

초판 1쇄 인쇄 ㅣ 2020년 11월 20일
초판 1쇄 발행 ㅣ 2020년 11월 30일

주소 ㅣ 10881 경기도 파주시 광인사길 153 한울시소빌딩 3층
전화 ㅣ 031-955-0655
팩스 ㅣ 031-955-0656
홈페이지 ㅣ www.hanulmplus.kr
등록번호 ㅣ 제406-2015-000143호

Printed in Korea.
ISBN 978-89-460-6991-6 93910 (양장)
       978-89-460-6992-3 93910 (무선)

* 책값은 겉표지에 표시되어 있습니다.